POLYGLOTT on tour

Schottland

Die Autorin

Brigitte Ringelmann

hat über elf Jahre bei der Britischen Tourismuszentrale VisitBritain als Pressereferentin gearbeitet und dabei viele Reisen nach Schottland organisiert und begleitet. Schottland ist für sie eines der interessantesten Reiseziele.

REISEPLANUNG

Die Reiseregion im Überblick 8

Extra-Touren 9

Tour 1 **Der Süden Schottlands in einer Woche** 9
Edinburgh › Melrose › Moffat › Dumfries › Stranraer › Ayr › Glasgow

Tour 1 **Über die Äußeren Hebriden in acht Tagen** 11
Glasgow › Fort William › Inverness › Ullapool › Isle of Lewis › Isle of Harris › North Uist › Isle of Skye › Invergarry › Oban › Glasgow

Tour 1 **Große Schottlandreise in zwei Wochen** 13
Edinburgh › Glasgow › Loch Lomond › Fort William › Portree › Strathpeffer › Lochinver › Thurso › Dornoch › Inverness › Aberdeen › Dundee › Edinburgh

Klima & Reisezeit 15
Anreise 16
Reisen im Land 17
Sport & Aktivitäten 18
Unterkunft 23
Infos von A–Z 139
Register 141
SPECIAL Kinder 20
SPECIAL Whisky 40
SPECIAL Edinburgh Festival 55

LAND & LEUTE

Steckbrief Schottland 28
Geschichte im Überblick 30
Die Menschen 32
Natur & Umwelt 32
Kunst & Kultur 34
Feste & Veranstaltungen 37
Essen & Trinken 38
Mini-Dolmetscher 144

TOP-TOUREN IN SCHOTTLAND

Edinburgh & Glasgow 44

Edinburgh ist eine der schönsten Städte Europas, die mit einer mächtigen Burg und der »königlichen Meile« ihre Gäste erwartet. Und auch Schottlands zweite Metropole Glasgow hat mit ihrer lebendigen Szene viel zu bieten – vom »Glasgow Style« des Art nouveau bis zum modernen Design spannt sich der Bogen.

Tour in der Region

Tour 4 Ein verlängertes Wochenende der Kontraste 45

Unterwegs in Edinburgh 47

Unterwegs in Glasgow 57

Glasgow › Ausflüge ab Glasgow

Der Süden 64

Burgen und Abteiruinen zeugen in der Borders-Region von den jahrhundertelangen Auseinandersetzungen mit England, große Dichter und bedeutende Kunstsammler haben ihre Spuren hinterlassen. Gleichzeitig ist die sanfte Hügellandschaft Südschottlands ein Paradies für Wanderer und Radfahrer.

Tour in der Region

Tour 5 Abteiruinen und die Hügel der Lammermuirs 65

Unterwegs im Süden 69

Melrose › Hawick › Kelso und Floors Castle › Manderston House › Peebles › Moffat › Dumfries › Sweetheart Abbey › Am Solway Firth › Rhinns of Galloway › Am Firth of Clyde › Culzean Castle › Ayr › New Lanark und die Falls of Clyde

Der Osten 79

Schlösser, Golf und Whisky prägen die Region: Balmoral Castle ist Sommersitz der Queen, der »Malt Whisky Trail« lockt in die Region Speyside, und St. Andrews an der Küste der Grafschaft Fife ist so etwas wie die Welthauptstadt des Golfs. In den Cairngorms liegt zudem Großbritanniens größter Nationalpark.

Touren in der Region

Tour 6 Auf Whiskytour durch Speyside 80

Tour 7 Schlösser und Paläste 81

Tour 8 Entlang dem Firth of Forth zur Grafschaft Fife 82

Unterwegs im Osten 84

Aberdeen › Cairngorms National Park › Der Malt Whisky Trail › Der Norden von Speyside › Royal Deeside › Stonehaven › Dunnottar Castle › Montrose › Glamis › Dundee › Perth › Blair Castle › Stirling › Am Firth of Forth › St. Andrews

Der Westen 99

Tief eingeschnittene Buchten, bezaubernde Inseln wie Islay, Jura und Mull, Lochs (Seen) und Schlösser prägen den maritimen Westen Schottlands. Die »Road to the Isles« von Fort William nach Mallaig führt durch eine atemberaubende Landschaft und gilt als schönste Straße Schottlands.

Touren in der Region

Tour 9 **Islay und Jura** 100

Tour 10 **Die Insel Mull und Schottlands schönste Straße** 101

Unterwegs im Westen 104

Inveraray und Loch Awe › Kintyre › Islay und Jura › Oban › Lismore › Mull und seine Inselwelt › Morvern › Castle Tioram › Mallaig › Glenfinnan › Fort William und Ben Nevis › Glen Coe

Highlands & Islands 112

An die Highlands kann man wahrhaftig sein Herz verlieren – sie sind das Schottland der Träume, mit Burgen, Bergen und Seen. Einzigartig sind auch die Hebriden: Skye überwältigt mit seiner landschaftlichen Schönheit, und auf den Äußeren Hebriden sind die gälischen Traditionen noch sehr lebendig.

Allgemeine Karten

Die Lage Schottlands 28

Übersichtskarte Extra-Touren und Kapitel **Umschlag**

Landes-Karten

Edinburgh 48

Glasgow 58

Der Süden 66

Der Osten 83

Aberdeen 86

Der Westen 102

Highlands & Islands 114

In der High Street, Royal Mile, Edinburgh

Touren in der Region

Tour 11 **Rundtour auf der Isle of Skye** 116

Tour 12 **Die äußeren Hebrideninseln Lewis und Harris** 117

Tour 13 **Von Plockton nach Ullapool** 118

Tour 14 **An der Küste von Ullapool nach Inverness** 118

Unterwegs in der Region 120

Skye › Lewis und Harris › Die Uists › Barra/Eilean Bharraigh › An der Nordwestküste › Die Nordküste › Wick und Umgebung › Helmsdale › Dunrobin Castle › Dornoch › Tain › Cromarty › Inverness › Loch Ness › Invergarry

Erst-! klassig

Außergewöhnliche Unterkünfte 25

Feine Küche und Fish & Chips 39

Prachtvolle Gärten 76

Herrschaftliche Burgen und Schlösser 93

Herrliche Strände 123

Unvergessliche Naturerlebnisse 130

Die Gedenksäule des Glenfinnan Monument am Loch Shiel in Westschottland

REISE-PLANUNG

Die Reiseregion im Überblick

Die Hauptstadt Edinburgh und die pulsierende Metropole Glasgow bilden das Zentrum Schottlands. In **Edinburgh,** wegen seines getrennten Hafens und des Burgbergs auch Athen des Nordens genannt, ist das ganze Erbe des Landes vereint. Die Burg als Wahrzeichen und der mittelalterliche Palast im Herzen der Stadt sind Zeugen ihrer wechselvollen Geschichte. Die Old Town, zum Weltkulturerbe erhoben, mit ihren schmalen Häusern und den engen Durch- und Ausblicken lässt die Vergangenheit wieder lebendig werden. Von der wirtschaftlichen Vormachtstellung zeugen nicht nur die prächtigen Häuser der New Town. Noch heute ist Edinburgh das Verwaltungs- und Wirtschaftszentrum sowie Sitz des schottischen Parlaments.

Glasgow hat sich vom Antlitz der hässlichen Industriemetropole befreit und gilt mit seinen vielen Bands, (Avantgarde-) Künstlern und dem aufregenden Nachtleben heute als eine der spannendsten Kultur- und Designermetropolen. Zudem hat die Stadt einen Ruf als Shoppingparadies; viele Cafés und Parks laden zum Verweilen ein.

Sanfte Hügel und grüne Weideflächen kennzeichnen die Landschaft im **Süden** Schottlands. Die Region erstreckt sich südlich der beiden Großstädte bis an die englische Grenze. Die sogenannten Lowlands sind allerdings nicht flach, wie der Name vermuten lässt. Bergketten erreichen eine Höhe von bis zu 700 m und geben zauberhafte Ausblicke frei. Die imposanten Abteiruinen der Borders-Region zeugen von der religiösen Bedeutung der Gegend, mächtige Burgen von den jahrhundertelangen Auseinandersetzun-

Der Museumssegler Glenlee vor dem Riverside Museum in Glasgow

gen mit den Engländern. Südschottland erfreut sich bei Wanderern und Radfahrern großer Beliebtheit.

Der **Osten** mit seiner Metropole Aberdeen steht für vieles, was in Schottland von herausragender Bedeutung ist: Golf, Whisky und Burgen. Hier verbringt die Queen ihre Ferien, und reizende Geschäfte rühmen sich ihrer royalen Kundschaft. Entlang der Küste kommen Feinschmecker in den kleinen Fischerdörfern auf ihre Kosten, während Naturfreunde in den Cairngorm Mountains nicht nur ausgiebige Wanderungen unternehmen, sondern auch seltene Tiere beobachten können. In glasklaren Bächen tummeln sich allerlei Fische.

Unzählige romantische Seen mit glasklarem Wasser, prächtige Gärten und Parkanlagen, bewaldete Hügel und schroffe Felswände sind nur einige Attribute, die den **Westen** Schottlands kennzeichnen. Hier liegen all die Inseln, die mit der Fähre problemlos zu erreichen sind und von denen jede ihren eigenen Reiz hat. Whisky lässt sich auch hier vortrefflich testen, und wer eines der letzten Paradiese Europas sucht, findet es zweifellos auf den Hebrideninseln.

Die **Highlands & Islands** im Nordwesten stehen für das Schottland, wie es Besucher erwarten: die raue Schönheit der Berge, Heidekraut, soweit das Auge reicht, endlose Weite, ursprüngliche Dörfer und nicht zuletzt die Äußeren Hebriden, wo das keltische Erbe teilweise noch lebendig ist. Türkisfarbenes Meer, Strände und einsame Buchten runden das Bild einer traumhaften Landschaft ab, deren Bewohner für ihre Freundlichkeit bekannt sind.

Extra-Touren

Tour 1 Der Süden Schottlands in einer Woche

Tour-Übersicht:
Edinburgh › Melrose › Moffat › Dumfries › Stranraer › Ayr › Glasgow

Distanzen:
Edinburgh › Melrose 94 km; **Melrose › Moffat** 87 km; **Moffat › Dumfries** 74 km; **Dumfries › Stranraer** 155 km; **Stranraer › Ayr** 83 km; **Ayr › Glasgow** 128 km.

Verkehrsmittel:
Die Straßen sind gut ausgebaut, und man gewöhnt sich schnell an den Linksverkehr. Es empfiehlt sich auf jeden Fall, die Fahrt mit dem Auto zu unternehmen, um keine Sehenswürdigkeit zu verpassen und Abstecher machen zu können.

Für ***Edinburgh › S. 47 sollte man sich mindestens einen ganzen Tag Zeit nehmen. Anschließend geht es in Richtung Süden in die Stadt **Melrose** › S. 69 mit ihrer bekannten ****Abteiruine.** Von hier aus lohnt sich auch ein Abstecher zu den anderen ****Border Abbeys** › S. 71 – **Kelso,** ***Jedburgh** und ***Dryburgh Abbey** – sowie nach **Hawick** › S. 71, dem Zentrum der Woll- und Textilindustrie. Nach der Übernachtung in Melrose bietet sich am nächsten Tag eine leichte Wanderung zum ***Scott's View** › S. 70 an, dem Lieblingsplatz des schottischen Literaten Sir Walter Scott. Die Tour führt weiter in Richtung Westen, wo unterwegs der Besuch von ***Abbotsford House** › S. 69 und **Traquair House** › S. 72 auf dem Programm stehen sollte. Über das viktorianische Städtchen **Peebles** › S. 72 geht es weiter nach **Moffat** › S. 73. Der Kurort aus dem 19. Jh. ist für sein gut erhaltenes ehemaliges Badehaus bekannt und bietet einige Übernachtungsmöglichkeiten. Wer sich am nächsten Tag die Zeit nehmen möchte, kann einen Abstecher zum Wasserfall **Grey Mare's Tail** › S. 73 unternehmen. Leben und Wirken des Nationaldichters Robert Burns spürt man auf der weiteren Fahrt in die Stadt **Dumfries** › S. 73 nach, wo der Dichter seine letzten Lebensjahre verbracht hat. Hier endet eine weitere Etappe. Abseits der Hauptverbindung nach ***Kircudbright** › S. 74 führt die Route vorbei an der sehenswerten **Sweetheart Abbey** › S. 73 und am **Solway Firth** › S. 74 entlang, vorbei an vielen Stätten aus prähistorischer Zeit, bis nach **Newton Stewart** › S. 75. Naturfreunde sollten sich die Zeit nehmen,

Der Ben Nevis ist Teil der Grampian Mountains in den Highlands

den **Galloway Forest Park** › **S. 75** zu besuchen, wo man wandern und seltene Tiere beobachten kann. Ein lohnenswerter Umweg ist die Fahrt über die Halbinsel The Machars bis nach **Whithorn** › **S. 75** und von dort in die Hafenstadt **Stranraer** › **S. 76**. Hier nimmt man für die Nacht Quartier. Die Halbinsel **Rhinns of Galloway** › **S. 76** mit ihren beiden Gärten und Leuchttürmen sollte auf der Ausflugsliste stehen, bevor die Fahrt weiter nach Norden entlang dem **Firth of Clyde** › **S. 76** zum ****Culzean Castle** › **S. 77**, dem klassizistischen Meisterwerk des Architekten Robert Adam, und weiter nach **Ayr** › **S. 77** führt. Der Badeort bietet zahlreiche Unterkunftsmöglichkeiten. Den Abschluss der Tour bildet der Besuch des Freilichtmuseums ***New Lanark** › **S. 78** mit einem kleinen Abstecher zu den **Falls of Clyde** › **S. 78**, bevor man in das pulsierende Leben von ****Glasgow** › **S. 57** eintaucht und dort einen weiteren Tag verbringt.

Tour 2 Über die Äußeren Hebriden in acht Tagen

Tour-Übersicht:
Glasgow › Fort William › Inverness › Ullapool › Isle of Lewis › Isle of Harris › North Uist › Isle of Skye › Invergarry › Oban › Glasgow

Distanzen:
Glasgow › **Fort William** 176 km; **Fort William** › **Inverness** 105 km; **Inverness** › **Ullapool** 92 km; **Ullapool** › **Stornoway (Lewis)** 2 Std. 45 Min. (Fähre); **Stornoway** › **Tarbert (Harris)** 58 km; **Tarbert** › **Leverburgh** 33 km; **Leverburgh** › **Berneray (North Uist)** 1 Std. (Fähre); **Lochmaddy** › **Uig (Skye)** 1 Std. 50 Min. (Fähre); **Uig** › **Portree** 47 km; **Portree** › **Invergarry** 135 km; **Invergarry** › **Oban** 110 km; **Oban** › **Glasgow** 201 km.

Verkehrsmittel:
Allein schon wegen der vielen sehenswerten Orte und Ausblicke sollte man die Tour auf jeden Fall mit dem Auto unternehmen. Bei den Überfahrten zu den Inseln ist eine Vorausbuchung empfehlenswert. Informationen zu den Fährpassagen bei Caledonian MacBrayne unter www.calmac.co.uk.

Ein Erlebnis der besonderen Art verspricht diese Island-Hopping-Tour. Schon kurz hinter ****Glasgow** › **S. 57** in Richtung Norden kann man sich ein Bild von der Schönheit Westschottlands machen. Entlang dem ***Loch Lomond** › **S. 63** führt die Route durch den ***Trossachs National Park** › **S. 63** und dann durch das berühmte Tal ****Glen Coe** › **S. 111**, einst Schauplatz blutiger Kämpfe zwischen zwei schottischen Clans, bis nach **Fort William** › **S. 110**, wo der erste Reisetag endet. Die touristisch geprägte Stadt ist ein wichtiger Verkehrsknoten und Ausgangspunkt für Bergtouren zum **Ben Nevis** › **S. 110**.

Eilean Donan Castle in den Highlands

Die Küstenstraßen am Loch Lochy und dem berühmten ****Loch Ness** › **S. 138** entlang führen durch herrliche Landschaft schließlich in die Stadt **Inverness** › **S. 136**. Am nächsten Morgen geht es weiter Richtung Nordwesten in das Hafenstädtchen **Ullapool** › **S. 129**, dessen schmucke weiße Häuser eine fotogene Kulisse bilden. Schon in der Ferne kann man die **Isle of Lewis** › **S. 123** erblicken, zu der die Überfahrt mit »CalMac« knapp drei Stunden dauert. Im Ankunftshafen **Stornoway** › **S. 123** bezieht man Quartier. Am nächsten Tag gehört ein Ausflug zu den prähistorischen ****Standing Stones of Callanish** › **S. 124** zum Pflichtprogramm. Bei der Weiterfahrt über die **Isle of Harris** › **S. 123**, von der der berühmte Tweed stammt, lohnt ein Spaziergang entlang der breiten Strände am türkisfarbenen Meer. Im Hauptort **Tarbert** › **S. 125** verbringt man sicherlich eine geruhsame Nacht. Die Überfahrt von Harris nach **North Uist** › **S. 125** ist nur kurz, auch hier lohnt sich die Erkundung der Inselgruppe (von Berneray bis zur Südspitze von **South Uist** › **S. 126** sind es gut 80 km). Übernachtet wird in **Lochmaddy** › **S. 126**. In rund zwei Stunden bringt Sie die Fähre von dort auf die Perle der Hebriden, die ****Isle of Skye** › **S. 120**. Mindestens einen Tag sollten Sie hier verbringen, denn es gibt neben einer Whiskybrennerei und dem ***Dunvegan Castle** › **S. 121** noch viel mehr zu sehen. Übernachten kann man in der Inselhauptstadt **Portree** › **S. 121**. Wieder aufs Festland führt die Skye Bridge bei **Kyle of Lochalsh** › **S. 127**. Unweit davon liegt ***Eilean Donan Castle** › **S. 127**, die wohl meistfotografierte Burg Schottlands. Tagesziel ist das typische Highland-Dorf **Invergarry** › **S. 138** mit einer sehenswerten Schlossruine. Nun führt die Route nach Süden ins lebhafte Hafenstädtchen **Oban** › **S. 106**, dem Ausgangspunkt für verschiedene Fährverbindungen auf die Inneren Hebriden. Die Rückfahrt am letzten Tag über Lochgilphead und am Loch Fyne entlang nach Glasgow bietet noch einmal große landschaftliche Schönheiten.

Tour 3 Große Schottlandreise in zwei Wochen

Tour-Übersicht:

Edinburgh › Glasgow › Loch Lomond › Fort William › Portree › Strathpeffer › Lochinver › Thurso › Dornoch › Inverness › Aberdeen › Dundee › Edinburgh

Distanzen:

Edinburgh › Glasgow 110 km; **Glasgow › Fort William** 176 km; **Fort William › Portree** 176 km; **Portree › Strathpeffer** 156 km; **Strathpeffer › Lochinver** 123 km; **Lochinver › Thurso** 200 km; **Thurso › Dornoch** 135 km; **Dornoch › Inverness** 70 km; **Inverness › Aberdeen** 169 km; **Aberdeen › Dundee** 110 km; **Dundee › Edinburgh** 102 km.

Verkehrsmittel:

Ab einer Aufenthaltsdauer von zwei Wochen empfiehlt sich die Mitnahme des eigenen Autos. Edinburgh erreicht man mit der Fähre über die nordenglische Hafenstadt Newcastle. Von dort sind es rund 200 km entlang der spektakulären Nordseeküste bis in die schottische Hauptstadt. In den Highlands sollte man wegen der geringen Tankstellendichte immer genug Benzin im Tank haben bzw. einen Kanister mitführen.

Nach dieser Tour wird man den Wunsch verspüren, bald nach Schottland zurückzukehren, denn die vielen Eindrücke sind grandios. Die Tour beginnt mit einem prallvollen Besichtigungstag in *****Edinburgh › S. 47** und führt am nächsten Morgen über ***Stirling › S. 96**, dessen mächtige Burg einst Maria Stuart bewohnte, nach ****Glasgow › S. 57**. Hier sollte man sich ebenfalls einen ganzen Tag zum Sightseeing gönnen. Vorbei am zauberhaften ***Loch Lomond › S. 63** geht es dann Richtung Norden durch das geschichtsträchtige ****Glen Coe › S. 111**, das auch Tal der Tränen genannt wird. Im Tourismuszentrum **Fort William › S. 110** bleiben Sie über Nacht. Die Panoramastraße, die von hier nach Westen führt, trägt den Beinamen ****Road to the Isles › S. 110**. An dieser Strecke befindet sich das **Glenfinnan-Monument › S. 110**. Von **Mallaig › S. 109** setzt man auf die ****Isle of Skye › S. 120** über, auf der man gut ein bis zwei Tage verbringen kann. Schöne Hotels und B & Bs gibt es in **Portree › S. 121**. Wieder aufs Festland geht es über die Skye Bridge, die die Meerenge zwischen Skye und dem Festland bei **Kyle of Lochalsh › S. 127** überspannt, in nordöstlicher Richtung nach **Strathpeffer**. Hier wohnt man luxuriös im B & B Craigvar (Craigvar, Strathpeffer IV14 9DL, Tel. 01997/421 622, www.craigvar.com). Weiter nach Norden führt die Tour zum Fischerort **Ullapool › S. 129** und von dort entlang der grandiosen Küste nach **Lochinver › S. 130**, dem Ziel des Tages. Durch eine karge, aber durchaus

Blick auf Edinburghs Royal Mile

reizvolle Landschaft verläuft die Route anderntags an der Nordspitze Schottlands entlang bis nach **Thurso** › S. 131, von wo die Fähren zu den **Orkneys** › S. 133 ablegen. Nach den grandiosen Impressionen der Fahrt gönnen Sie sich in Thurso eine Pause. Tags darauf ist es nur ein kurzer Weg bis nach **John o' Groats** › S. 132 an der nordöstlichsten Spitze des schottischen Festlands. Weiter geht es in südlicher Richtung entlang der Nordseeküste über Wick bis ins Küstenstädtchen **Dornoch** › S. 134. Unterwegs sollte man sich den Besuch des märchenhaften Schlosses ***Dunrobin Castle** › S. 134 nicht entgehen lassen. Das nächste Tagesziel ist **Inverness** › S. 136, das Verwaltungszentrum der Highlands und Ausgangpunkt für einen Abstecher zum ****Loch Ness** › S. 138 zur Jagd nach »Nessi«. Inverness bietet Unterkünfte für jeden Geschmack und Geldbeutel. Interessante Burgen (z. B. **Cawdor Castle** › S. 137 oder **Huntley Castle** › S. 81) liegen auf der Strecke von Inverness nach ***Aberdeen** › S. 84, dessen Granithäuser den besonderen Flair der Stadt ausmachen. Am nächsten Morgen reihen sich entlang der Küste Richtung Süden viele kleine Fischerdörfer aneinander, in denen ein Stopp lohnt, um frisch gefangenen oder geräucherten Fisch zu probieren. Auf jeden Fall sollte man ***Glamis Castle** › S. 94 besucht haben, bevor man **Dundee** › S. 94 zum Übernachten ansteuert. Von der Stadt am Tay führt die Route über die spektakuläre Tay Bridge in Richtung **St. Andrews** › S. 98, dem Mekka aller Golfspieler. Jetzt ist es nur noch ein kurzer Weg nach Edinburgh, vielleicht besucht man auf dem Weg noch die Stadt **Perth** › S. 95 sowie ***Scone Palace** › S. 95, ein zauberhaftes Schloss mit einem Park voll seltener alter Bäume.

Klima & Reisezeit

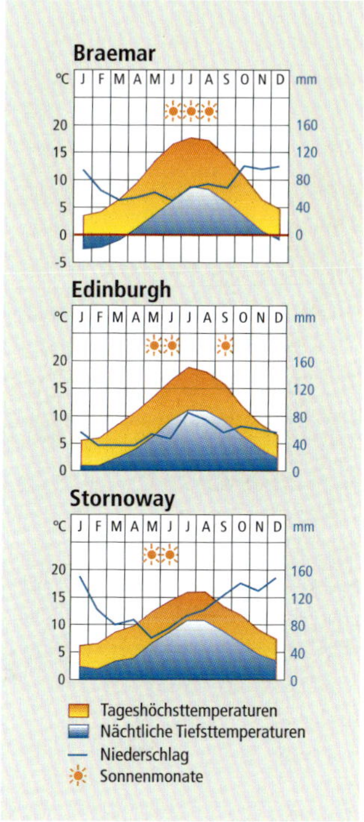

Das schottische Klima zeigt sich dank der Ausläufer des warmen Golfstroms im Westen atlantisch mild mit hohen Niederschlagsmengen und relativ geringen Temperaturschwankungen. Hier wird es im Winter nicht so kalt, dafür aber im Sommer auch nicht so warm wie im Osten an der Nordseeküste, wo die Bedingungen insgesamt rauer sind, dafür aber seltener Niederschläge fallen. In den Highlands wiederum kann es im Winter bitterkalt werden, starke Schneefälle sind dort keine Seltenheit.

Die wenigsten Regentage verzeichnet die Gegend um die Hauptstadt Edinburgh – hier fallen durchschnittlich an 175 Tagen im Jahr Niederschläge. Am häufigsten regnet es im Mittel auf den Inseln der Äußeren Hebriden, hier sind es etwa 250 Regentage pro Jahr. Mit einem raschen Wetterwechsel muss man jederzeit in Schottland rechnen. Die Regenstatistik täuscht allerdings darüber hinweg, dass beispielsweise auf den Hebriden kaum ein Tag völlig verregnet ist. Die Insel Tiree, die zu den Inneren Hebriden gehört, darf sich sogar rühmen, im Durchschnitt ebenso viele Sonnenstunden wie London zu haben.

Die Hauptreisesaison liegt im Sommer zwischen Mitte Juni und Mitte September, wenn die Tagestemperaturen öfter einmal 20 °C deutlich übersteigen. Die Zeit von Mitte Mai bis Mitte Juni und Ende September/Anfang Oktober ist ruhiger, im Nordwesten ist der Frühherbst oft die angenehmste und schönste Jahreszeit.

An den gesetzlichen Feiertagen › **S. 139** und während der Schulferien herrscht viel Verkehr auf den Straßen Schottlands, und viele Hotels sind belegt. Besonders im August sollte man sich rechtzeitig um Unterkünfte kümmern und im Voraus buchen. Die Schulferien dauern meist von Anfang Juli bis Mitte August.

Anreise

Mit dem Flugzeug

EasyJet fliegt von Berlin (Schönefeld), Hamburg, München, Basel und Genf nach Edinburgh sowie von Berlin (Schönefeld) und Genf nach Glasgow (Prestwick), **Ryanair** von Bremen, Düsseldorf (Weeze), Frankfurt (Hahn) und Memmingen nach Edinburgh, **Germanwings** von Köln/Bonn nach Edinburgh. **Lufthansa** fliegt von Düsseldorf nach Glasgow und von Frankfurt/Main nach Edinburgh und Aberdeen.

Mit Pkw und Fähre

Die meisten Urlauber vom europäischen Festland reisen mit dem eigenen Auto an und benutzen die **Fähren** nach England. Die kürzesten und billigsten Fährverbindungen gehen von Calais bzw. Dunkerque nach Dover; alternativ kann man auch den **Eurotunnel** von Calais nach Folkestone benutzen. Anschließend fährt man allerdings noch recht weit nach Schottland; von Dover nach Edinburgh sind es fast 800 km.

Wer morgens mit der Nachtfähre der **P&O Ferries Ltd.** (www.poferries.com) aus Rotterdam bzw. Zeebrügge in Hull ankommt, kann nachmittags in den Highlands sein – als Auto- wie als Bahnreisender. Zwischen IJmuiden (Amsterdam) und Newcastle fahren täglich Fähren von **DFDS Seaways** (Tel. 040/3 89 03 71; www.dfdsseaways.de).

Fluggesellschaften und Reedereien mit direktem Link listet folgende Website auf: http://international.visitscotland.com/de/schottlandurlaub-buchen/flug-faehre-schottland. Infos zu allen **Fährverbindungen** gibt es unter www.directferries.de; Infos zum **Eurotunnel** unter Tel. 01805/000 248, www.eurotunnel.com.

Mit der Autofähre auf die Britischen Inseln

Mit dem Fernbus

Nach London gelangt man von mehreren deutschen Städten mit Bussen der **Deutsche Touring GmbH** (Tel. 0 69/7 90 35 01, www.eurolines.de). Von London nach Schottland geht es weiter mit den Linienbussen von **National Express** (www.nationalexpress.com) oder Megabus (http://uk.megabus.com). Diese fahren drei- bis siebenmal täglich ab London in 8–9 Stunden nach Edinburgh bzw. Glasgow.

Reisen im Land

Mit dem Auto

In Großbritannien wird links gefahren – man gewöhnt sich aber auch als Kontinentaleuropäer schnell an die Umstellung. Autofahrer haben im Kreisverkehr Vorfahrt, bei allen anderen Straßen geben Schilder die Regelung an. Gerade in Schottland, wo es viele einspurige Straßen mit Ausweichstellen gibt, sollte man vorsichtig fahren, glücklicherweise sind die Einheimischen am Steuer eher gelassen.

Folgende Tempolimits gelten in Großbritannien: In geschlossenen Ortschaften 30 Meilen (48 km/h), auf einspurigen Landstraßen 60 Meilen (97 km/h) und auf mehrspurigen Landstraßen sowie auf Autobahnen 70 Meilen (112 km/h). Für Autos mit Wohnwagenanhängern gilt: In geschlossenen Ortschaften 30 Meilen (48 km/h), auf einspurigen Landstraßen 50 Meilen (80 km/h) und auf mehrspurigen Landstraßen sowie auf Autobahnen 60 Meilen (97 km/h). Alle Fahrzeuginsassen müssen den Sicherheitsgurt anlegen, die Promillegrenze liegt bei 0,8.

Mietwagenfirmen verlangen den nationalen Führerschein und Ausweis, Altersbegrenzungen liegen zwischen 20 und 70 Jahren, größere Fahrzeuge darf man erst ab 25 Jahren mieten. Für die Kaution braucht man eine Kreditkarte, mit der der Wagen auch bezahlt werden kann.

Mit öffentlichen Verkehrmitteln

Das Land hat spektakuläre Eisenbahnstrecken zu bieten (z.B. die West Highland Line von Glasgow über Fort William nach Mallaig). In den hohen Norden führt die Strecke von Inverness nach Wick bzw. Thurso. Allgemein reist es sich in Schottland per Eisenbahn recht angenehm.

Die **Busverbindungen** in ländlichen Gebieten sind leider ausgedünnt worden; manche Ortschaft ist per Bus nur einmal am Tag zu erreichen, an Sonn- und Feiertagen gar nicht. Die Busse von **Scottish Citylink** (www.citylink.co.uk) decken die großen Städte, aber auch touristisch interessante Orte wie Oban oder die Isle of Skye ab.

Das Eisenbahnunternehmen **ScotRail** (www.scotrail.co.uk) und Scottish Citylink bieten Touristenpässe an, mit denen sich viel Geld gegenüber Einzeltickets sparen lässt.

Mit dem **Freedom of Scotland Travelpass** bzw. dem Roverticket kann man Bahn, Busse und Fähren benutzen. Der Pass gilt Mo–Fr ab 9.15 Uhr, am Wochenende zeitlich unbeschränkt. Er kann online unter www.britrail.com oder an Bahnhöfen vor Ort gekauft werden. Der 4-Tage-Pass (134 £) muss innerhalb von 8, der 8-Tage-Pass (179,70 £) innerhalb von 15 Tagen verbraucht werden. Über alle Verkehrsverbindungen in Schottland informiert: www.travelinescotland.com.

Mit der Fähre

Praktisch alle Fährverbindungen der Westküste, die meist recht teuer sind, betreibt **Caledonian MacBrayne,** kurz CalMac genannt. Über das Internet kann man unter www.calmac.co.uk den sehr informativen Fahrplan und Reiseführer kostenlos bestellen. Anfragen und Buchungen per E-Mail unter enquiries@calmac.co.uk oder telefonisch unter +44 (0) 800/066 5000. Buchungen können auch online durchgeführt werden..

Mit dem Fahrrad

Abseits der großen Hauptverkehrsadern bieten sich Radfahrern schmale Fahrwege mit erstaunlich gutem Straßenbelag an. Abgesehen von einem gelegentlichen Einheimischen in Eile und den Milchtank-Lkws ist man auf diesen Straßen oft allein – aber nicht vergessen: Linksverkehr!

Sport & Aktivitäten

Die unberührte Natur Schottlands erlebt man am intensivsten bei Outdoor-Aktivitäten, die von schottischen Veranstaltern angeboten werden. Neben Wandern, Radfahren und Golfen sind auch Mountainbiking, Segeln, Kajakfahren und Fischen beliebte Betätigungen. **Active Visit Scotland** stellt verschiedene (Extrem-) Sportarten vor: http://active.visitscotland.com. **Activity Scotland Association** ist die Dachorganisation vieler qualifizierter Anbieter von Aktiv- und Abenteuerprogrammen: www.activity-scotland.org.uk.

Golf für alle in St. Andrews

Wandern

Schottland eignet sich für kurze Spaziergänge ebeso ausgezeichnet wie für ausgedehnte Wanderungen in den Bergen und Tälern oder an den lang gezogenen, traumhaften Stränden sowie für längere Wanderferien. VisitScotland › **S. 139** gibt eine Wanderbroschüre heraus, die kostenlos über das Internet bestellt werden kann: http://walking.visitscotland.com.

Erst-! klassig

Der wohl bekannteste Fernwanderweg ist der West Highland Way, der sich vom Glasgower Stadtrand durch Westschottland bis nach **Fort William** in den Highlands erstreckt

Fahrradtour auf dem West Highland Way am Little Loch Broom

(www.west-highland-way.co.uk). Um die Wanderung zu erleichtern wird vielfach ein Gepäcktransport angeboten.

Golf

Schottland ist die Heimat des Golfsports, der hier auch preiswert zu betreiben ist. Insgesamt zählt das Land 550 Plätze, die vielfach auch Nichtmitgliedern zugänglich sind – außer man besteht darauf, auf einem der berühmten Kurse von St. Andrews, Troon oder Carnoustie zu spielen. Enthusiasten sollten es einmal mit Nairn, Machrihanish oder gar Royal Dornoch versuchen. In den Lowlands und an der Ostküste sind Golfplätze sehr dicht gesät.

Erst-! klassig

VisitScotland verschickt kostenlos die umfassende Broschüre **Golf in Scotland,** die über das Internet bestellt werden kann: http://golf.visitscotland.com.

Radfahren

Besonders die Lowlands eignen sich zum Radfahren auf der Straße, Mountainbiking erfreut sich dagegen in den Highlands großer Beliebtheit. Auf der Website von Visit Scotland findet man ausführliche Informationen zu Fahrradtouren im ganzen Land in allen Schwierigkeitsgraden: http://active.visitscotland.com/findroute.

Mountainbiker können sich auf den eigens angelegten und (wie Skipisten blau, rot und schwarz) markierten Strecken im Glentress Forest bei Peebles austoben. Allgemeine Infos zu Mountainbike-Strecken gibt die Forstbehörde unter www.forestry.gov.uk/mtbscotland.

Erst-! klassig

SPECIAL

Unterwegs mit Kindern

Schottland ist ein gutes Reiseland für Familien, die Schotten sind ausgesprochen kinderfreundlich. Bei allen Sehenswürdigkeiten gibt es Kinderermäßigungen, meist bis zur Vollendung des 15. Lebensjahres. Kinder bis 5 Jahre erhalten oftmals freien Eintritt. Viele Museen sind mit interaktiven Spielen auf die Bedürfnisse von Kindern zugeschnitten. Leider gibt es Erklärungen bisher meist nur auf Englisch. In den VisitScotland Information Centres liegen Broschüren mit kinderspezifischen Attraktionen aus.

Fast alle Restaurants stellen Kinderstühle zur Verfügung und bieten spezielle Kindermenüs bzw. -teller. In B&Bs, Hotels und anderen Unterkünften werden für kleinere Kinder Betten bereitgestellt, größere Kinder schlafen im Zimmer der Eltern gegen Mehrpreis, vielfach werden zudem Familienzimmer angeboten.

Öffentlicher Verkehr

Kinder bis 15 Jahre fahren außerhalb der Stoßzeiten zusammen mit den Eltern kostenlos Bahn, sofern sie ein entsprechendes Ticket erwerben (www.scotrail.co.uk). In den Bussen von Scottish Citylink erhalten Kinder von 5–15 Jahren bis zu 30 % Rabatt, Kleinkinder fahren kostenlos, sofern sie keinen eigenen Sitz benötigen (www.citylink.co.uk/children.php). Bei Sightseeing-Touren bezahlen Kinder von 5–15 Jahren meist die Hälfte.

 Bild oben: Schottland bietet unbegrenzte Spielmöglichkeiten in freier Natur

Spaß mit Tieren

Viel Spaß verspricht der als gelungene Anlage gepriesene **Edinburgh Zoo** › S. 53 mit seinen über 180 Tierarten. Besonders beliebt ist die Pinguinparade, wenn die possierlichen Tiere ihr Gehege verlassen und frei herumspazieren dürfen.

Das **Aquarium** am Loch Lomond › S. 63 hat mit dem Hammerhai eine neue Attraktion im riesigen Meerwasserbecken, in dem sich auch andere exotische Fische tummeln. In der Unterwasserröhre kommt man ihnen sehr nahe. Ein Spielplatz, Lehrwanderwege, Boots- und Paddeltouren sorgen für einen abwechslungsreichen Tag (www.visitsealife.com/loch-lomond).

Dalscone Farm Fun unweit von Dumfries bietet eine spannende Mischung aus Bauernhof und Abenteuerspielplatz. Die Kinder lernen in Schottland heimische Tiere kennen und dürfen sie füttern und streicheln. Zudem gibt es Paddelboote, Schaukeln, Rutschen und vieles mehr.

- **Dalscone Farm Fun**
  Edinburgh Road | Dumfries | DG1 1SE
  Tel. 01387-254 445
  www.dalsconefarm.co.uk
  April–Okt. Mo–Sa 9.15–17 Uhr

Outdoor für die ganze Familie

Kleine und große Harry-Potter-Fans kommen auf einer Fahrt »nach Hogwarts« mit der Dampfeisenbahn **Jacobite Steam Train** zwischen Fort William und Mallaig auf ihre Kosten. Den Glenfinnan Viaduct erkennt jeder Muggel sofort wieder.

Jedes Jahr hat der Irrgarten auf der **Cairnie Fruit Farm** in Fife ein anderes Thema und eine neue Form. Bis zu 2,5 m hoch steht der Mais im Feld, durch das ein Labyrinth geschlagen wird. Wer den Ausgang findet, hat sich die selbst gepflückten Erd- oder Johannisbeeren redlich verdient.

Der **Loch Insh** bietet gleichermaßen Spaß für Wasserratten und Wasserscheue: Segeln, Windsurfen und Kanufahren können Kinder und Erwachsene ebenso ausprobieren wie Klettern, Abseilen oder Bogenschießen.

Längs der Küste von Fife erstreckt sich der 130 km lange Fernwanderweg **The Fife Coastal Path.** Man passiert mächtige Burgen, weite Strände und genießt grandiose Ausblicke. Die Touren sind für die ganze Familie geeignet, es wurden sogar drei spezielle Kinderrouten erarbeitet (www.fifecoastalpath.co.uk).

- **Jacobite Steam Train**
  West Coast Railways
  Tel. 0844/850 4685
  www.westcoastrailways.co.uk
- **Cairnie Friut Farm**
  Cairnie | Cupar | KY15 4QD
  Tel. 01334/655 610
  www.cairniefruitfarm.co.uk
  Mitte Juli–1. Nov. tgl. 10–18 Uhr
- **Loch Insh**
  Kincraig | Kingussie | PH21 1NU
  Tel. 01540/651 272
  www.lochinsh.com

Viele weitere Anregungen für große und kleine Schottlandreisende bietet die Internetseite www.visitscotland.com/see-do.

Wassersport

Die unzähligen Seen und die ausgedehnte Küste mit ihren vielen Fjorden laden zu Wassersportaktivitäten aller Art ein. Kanutouren oder Bootsausflüge in die grandiose Inselwelt der Westküste sind stets zu empfehlen.

Aber mit dem Element Wasser kann man noch viel mehr erleben, etwa **Canyoning** (durch Schluchten paddeln) oder **White Water Rafting** (Wildwasserfahrten mit dem Schlauchboot) VisitScotland gibt auf seiner Website hilfreiche Tipps: http://active.visitscotland.com.

Kajak-Enthusiasten können sich bei der Scottish Canoe Association über ihre Möglichkeiten informieren: www.canoescotland.org.

Auch **Segler** finden auf der entsprechenden Website von Visit Scotland ausführliche Informationen zu allgemeinen Bestimmungen, Segelschulen und Vermietern von Segel- und Hausbooten: www.visitscotland.com/see-do/activities/sailing-boating.

Wahre Surf-Cracks lockt die Hebrideninsel Tiree westlich von Mull mit den meisten Sonnenstunden Schottlands und extremen Winden – auch wenn sie nicht ganz leicht zu erreichen ist (www.tireewindsurfing.com). **Erst-! klassig**

Angeln und Fischen

Deutlich ruhiger geht es beim Angeln zu, das in Schottland immer beliebter wird. Kaum sonstwo gibt es noch so glasklare Bäche und Seen oder fischreiche Küstenabschnitte in grandioser Landschaft! Eine Angelerlaubnis bekommt man problemlos selbst in kleineren Orten. Alles zum Thema Angeln und Fischen in Großbritannien unter www.fishpal.com.

SEITENBLICK

Munro Bagging

»Munro Bagger« wollen nur eins: Alle 282 schottischen Berge mit einer Höhe von über 3000 Fuß (914 m) besteigen. Diese Erhebungen sind nach Sir Hugh Munro benannt, der 1891 erstmals seine »Tables of the 3,000 ft Mountains of Scotland« herausgab und darin alle »Munros« katalogisiert hat.

Der erste Bezwinger sämtlicher Munros war Archibald Eneas Robertson; in den ersten 70 Jahren des 20. Jhs. taten es ihm hundert andere nach. Obwohl diese Berge nach alpinen Maßstäben nicht hoch sind (der Ben Nevis ist mit 1344 m der höchste), bieten sie doch erhebliche Herausforderungen – einige müssen buchstäblich ab Meereshöhe erklommen werden. Dazu kommt, dass die raschen Wetterumschwünge der Highlands zur Gefahr werden können – in den letzten Jahren sind in den Cuillins auf Skye mehrmals Bergsteiger ums Leben gekommen, die nicht als leichtsinnig oder unerfahren galten.

Aber der Lohn für das Ersteigen von Bergen wie An Teallach oder Sgurr Alasdair ist eben nicht nur die atemberaubende Aussicht, die man bei klarem Wetter vom Gipfel hat, sondern auch die sportliche Leistung.

Mietkajaks am Loch Carron bei Plockton

Pferdesport

Atemberaubende Landschaft, einsame Wege und grandiose Aussichten, all das eröffnet sich dem Urlauber, wenn er sich auf den Rücken eines Pferdes schwingt.

Besonders in den Lowlands und im Osten Schottlands befinden sich einige der schönsten Reitpfade. Informationen zu Reitausflügen gibt VisitScotland unter: www.visitscotland.com/see-do/activities/horse-riding.

Skifahren

Die Vermarktung des Alpinskifahrens in wildromantischer Landschaft hat Schottland zu einer touristischen Wintersaison verholfen. Aber unsichere Schneeverhältnisse führten zu sinkenden Besucherzahlen der Skizentren. Deutlich ist die zunehmende Verwüstung der Landschaft: Die Pistenhänge von Cairngorm weisen z. B. gravierende Erosionsschäden auf, die im Sommer nicht zu übersehen sind.

Unterkunft

Schottland ist auf Individualreisende eingerichtet, mit Unterkünften vom gemütlichen Bed & Breakfast (B & B) bis zum sündhaft teuren Schlosshotel, vom schön gelegenen Campingplatz bis zur freundlichen Jugendherberge. Auch Ferienhäuser und -wohnungen sind eine beliebte Unterkunftsvariante. Außerhalb der sommerlichen Hochsaison kann man Schottland ohne Weiteres aufs Geratewohl erkunden.

Überaus hilfreich sind die **Visit Scotland Information Centres**. Es

Fast wie im Castle: Bed & Breakfast in Oban

gibt in Schottland viele solcher Informationsbüros. Wichtig ist ihre Hilfe bei der Suche nach einem B&B – manch abgeschiedene Privatunterkunft, die sonst nirgends verzeichnet ist, kennt nur das örtliche Information Centre. Über die Website von VisitScotland kann man Unterkünfte auch bequem von zu Hause aus buchen: www.visitscotland.com/accommodation.

Bed & Breakfast

Diese Art der Unterkunft ist eine großartige Gelegenheit, Einheimische kennenzulernen. Die Unterkünfte reichen vom ehemaligen Kinderzimmer in der Privatwohnung bis hin zur klassischen Familienpension. Angeboten werden offiziell nur Bett und Frühstück, aber eine Einladung zum Nachmittagstee mit Kuchen ist ebenso möglich wie die Frage, ob man eine (zu bezahlende) Abendmahlzeit gekocht haben möchte – nur der Ausschank von Alkohol gegen Bezahlung ist B&B-Wirten verboten. Oft bekommt man jedoch einen Whisky als krönenden Abschluss der Mahlzeit gereicht.

Preisgünstige Übernachtungsmöglichkeiten nicht nur für Studenten bieten während der Sommermonate auch die Universitäten von Edinburgh, Glasgow, Dundee, St. Andrews und Stirling (www.visitscotland.com/accommodation/campus).

Hotels und Guesthouses

Hotels aller Kategorien gibt es überall – besonders reich gesegnet ist Schottland mit Unterkünften in Schlössern und Landhäusern, die oft eigene Golf- oder Angelpauschalen arrangieren. Luxus hat seinen Preis, aber dafür wird auch einiges geboten. Nicht jedes »Country House Hotel« ist unerschwinglich, und selbst die pompösesten Hotels geben außerhalb der Hauptsaison häufig Preisnachlässe.

Jugendherbergen/Hostels

Die **Scottish Youth Hostel Association** (Tel. 0845/293 7373, www.syha.org.uk) betreibt viele Herbergen in ganz Schottland. Für £ 10 kann man vor Ort oder online die Mitgliedschaft erwerben, die für eine Übernachtung in einem der Youth Hostels Vorraussetzung ist.

Der Verband **Scottish Independent Hostels** (www.hostel-scotland.co.uk) unterhält über 130 unabhängige Hostels, für die kein Jugendherbergsausweis benötigt wird. Gerade die unabhängigen Hostels in Schottland haben z. T. einen sehr hohen Standard.

Campingplätze

Mit über 500 Camping- und Caravanplätzen ist Schottland gut versorgt, besonders an den Küsten im Süden und in allen touristischen Zentren. Allerdings hat das Campen in Schottland zwei durchaus problematische Seiten: das Wetter und die Mücken. Schwärme winziger Stechmücken *(midges)* können einem gerade die schönsten Plätze am Wasser verleiden. Für Wohnwagen können enge und steile Straßen zum Problem werden. Detaillierte Informationen zu Camping- und Caravanplätzen findet man auf der Website von VisitScotland: www.visitscotland.com/accommodation/caravan-camping.

Außergewöhnliche Unterkünfte

Erst-! klassig

- Seekrank wird man auf keinen Fall, wenn man sich im luxuriös ausgestatteten Hausboot **The Four Sisters Boatel** einmietet, das unweit von Edinburgh Castle am Union Canal vertäut liegt. › S. 53
- Einmal im Leben Leuchtturmwärter sein: Im **Corsewall Lighthouse Hotel** auf den Rhinns of Galloway hat man nicht nur einen fantastischen Blick übers Meer, man kann dort auch romantisch heiraten. › S. 76
- Mit Gottes Segen essen und schlafen: Die Schotten sind auch nicht mehr so fleißige Kirchgänger, und so sind einige Kirchen in Restaurants und Hotels umgewandelt worden. Ein schönes Beispiel ist **The Auld Kirk** aus viktorianischer Zeit in Ballater in Royal Deeside. › S. 92
- Hier wird kein strenges Regiment mehr geführt, in der **Planasker Old School** wird einem eher liebevolle Betreuung zuteil. Die ehemalige Schule auf der Insel Lewis ist zu einem luxuriösen B & B umgebaut worden. › S. 124
- Zwar fahren die Eisenbahnwaggons von **Sleeperzzz** nicht mehr durch die grandiose Landschaft der Highlands, doch genießt man beim Aufenthalt in den stillgelegten Schlafwagen unverstellte Blicke auf die landschaftlichen Schönheiten ringsum. › S. 135
- Im **Glengarry Castle Hotel** wird ein Traum wahr: Im Schlosshotel mit Himmelbett und freiem Blick auf die Highlands übernachten – und das zu moderaten Preisen. › S. 138

Highlandrind vor Dunbeath
Castle, Caithness

LAND & LEUTE

STECKBRIEF

- **Fläche:** 78 772 km² (34 % der Fläche Großbritanniens). Anzahl der Inseln: über 790; längster Fluss: Tay (193 km); größter See: Loch Lomond (71,1 km²); höchster Berg: Ben Nevis (1344 m).
- **Einwohner:** 5 295 400, davon in Glasgow 593 200, in Edinburgh 476 600 und in Aberdeen 222 800 Einwohner (Zensus März 2011).
- **Amtssprachen:** Englisch, Schottisch-Gälisch, Scots
- **Hauptstadt:** Edinburgh
- **Landesvorwahl:** 00 44
- **Währung:** Pfund Sterling. Schottland gibt eigene Pfundnoten heraus, sie sind dem englischen Pfund aber gleichgestellt.
- **Zeitzone:** Greenwich Mean Time (GMT), d. h. MEZ – 1 Std.

Lage und Landschaft

Schottland umfasst das nördliche Drittel Großbritanniens samt der umliegenden Inselwelt (Hebriden, Orkney- und Shetland-Inseln). Die Hauptstadt Edinburgh liegt etwa auf der Höhe von Kopenhagen, die Nordspitze des Festlands auf der von Stockholm.

Geologisch sind drei Regionen zu unterscheiden: Die **Southern Uplands** bilden einen ca. 80 km breiten Saum von Hügeln, der sich von der englischen Grenze bis südlich von Edinburgh und Glasgow erstreckt. Die beiden Städte liegen in den **Lowlands**. Dieser von Südwesten nach Nordosten verlaufende Streifen ist der fruchtbarste und am dichtesten besiedelte Teil. Im Norden schließen sich die **Highlands** an, die wiederum der Great Glen (Loch Ness, Loch Lochy, Loch Linnhe) unterteilt. Östlich, in den Eastern Highlands, erhebt sich die Gebirgskette der Grampians mit Gipfeln bis über 1300 m Höhe. Westlich und nördlich dehnen sich die am dünnsten besiedelten Gebiete Großbritanniens mit den ältesten Gesteinsformationen in Westeuropa aus.

Politik und Verwaltung

Wer Schottland als »nördliche Provinz« Großbritanniens bezeichnet, dürfte sich den Zorn der Schotten zuziehen, auch wenn sie zum Vereinigten Königreich von Großbritannien und Nordirland gehören. Schottland hat z. B. ein eigenes Justizsystem, das sich vom englischen unterscheidet, doch wurde bisher über alle Gesetze in London entschieden.

1997 ließ die Labour-Regierung in London ein Referendum abhalten, das dazu führte, dass die Schotten 1999 nach fast 300 Jahren wieder ein eigenes Parlament wählten.

Mit den Regionalwahlen von 2007 endete allerdings die Vorherrschaft von Labour in Schottland: Bis 2011 stellte die dem Mitte-Links-Spektrum zugehörige SNP (Scottish National Party) mit Alex Salmond als First Minister die Regierung, unterstützt von den Grünen. Seit 2011 regiert die SNP mit absoluter Mehrheit und will Ende 2014 eine Volksabstimmung zur schottischen Unabhängigkeit abhalten.

Wirtschaft

Für Schlagzeilen sorgte die Verstaatlichung der fast 300 Jahre alten Royal Bank of Scotland im Zuge der Finanz- und Wirtschaftskrise, aber die schottische Wirtschaft ruht v.a. auf den beiden Stützpfeilern Tourismus und Nordseeöl.

Der Tourismus samt Hotellerie, Kunsthandwerk etc. bietet mehr Menschen Arbeit als irgendein anderer schottischer Wirtschaftszweig. 2008 war für Schottland touristisch ein weniger erfolgreiches Jahr, bedingt durch den damals hohen Kurs des Pfund. Seit 2009 geht es wieder bergauf. Riesige staatliche Steuereinnahmen für Großbritannien bringt das vor der Küste geförderte Öl. Umgekehrt fließen aus London ca. 32 Mrd. Pfund pro Jahr nach Schottland.

Schwerindustrie gibt es in Schottland kaum noch. Erfolg versprechen exportorientierte Branchen, von denen einige schon eine lange Tradition haben: Lebensmittelverarbeitung, Textilfabrikation, Whiskyerzeugung und Fischzucht – v.a. Lachsprodukte aus Meeresfarmen.

Im Industriebereich setzt man heute auf Hochtechnologie: In den 1980er-Jahren entstand zwischen Edinburgh und Glasgow »Silicon Glen«, wo derzeit mehr Computerteile hergestellt werden als irgendwo sonst in Europa. Aber die Wirtschaftskrise und der Konkurrenzdruck belasten auch die dortigen Firmen. Biotechnologie und Gentechnik sind dagegen auf dem Vormarsch.

In der Energieversorgung beschreitet Schottland neue Wege. Der vor den Shetlands erfolgreich eingesetzte »Stachelrochen«, ein Strömungskraftwerk im Meer, soll bald produktionsreif sein. Die Erzeugung von Windkraft gehört in Schottland zur am schnellsten wachsenden Technologie für erneuerbare Energien.

Schottlands flüssiges Gold

Geschichte im Überblick

Um 6000 v. Chr. Sammler und Jäger leben an den Küsten Schottlands.

Ab ca. 4200 v. Chr. Erste Anzeichen von Sesshaftigkeit. Am Übergang zur Bronzezeit Steinhügelgräber und Steinkreise.

Um 800 v. Chr. Erste nachweisbare Einwanderung keltischer Stämme aus Gallien. Der später von den Römern Pikten genannte Stamm besiedelt den hohen Norden.

Ab 82 n. Chr. Der römische Kaiser Vespasian versucht, die Pikten zu unterwerfen, die sich ins Hochland zurückziehen und Widerstand leisten. Alle Versuche zur Befriedung scheitern; die Römer bauen Grenzbefestigungen (Hadrianswall).

Ab ca. 200 Aus Irland wandern die keltischen Skoten ein, die Schottland seinen Namen geben; sie bringen die gälische Sprache und das Clansystem mit.

563 Mit der Gründung einer Klostergemeinschaft auf Iona durch den irischen Mönch Columba beginnt die Christianisierung Schottlands.

Ab ca. 800 Normannen, Dänen und Waräger fallen in Schottland ein. Skandinavische Wehrbauern beginnen sich im Norden niederzulassen und allmählich zu assimilieren.

843 Der Skotenfürst Kenneth MacAlpin verbündet sich mit den Pikten gegen die Wikinger und regiert als erster schottischer König.

1165 Als Wilhelm der Löwe den schottischen Thron besteigt, umfasst sein Reich bereits fast das ganze Gebiet des heutigen Schottlands.

Nach 1290 Es beginnt eine lange Periode von Auseinandersetzungen um die Thronfolge. Der englische König Edward I. versucht die Lage auszunutzen, trifft jedoch auf die beiden späteren Nationalhelden: William Wallace besiegt Edward 1297 in der Schlacht von Stirling Bridge, im folgenden Jahr unterliegen die Schotten bei Falkirk. Robert Bruce lässt sich 1306 zum König von Schottland krönen und besiegt die Engländer 1314 bei Bannockburn.

1371 Mit der Krönung von Bruces Enkel Robert Stewart kehrt dynastische Stabilität ein – das Königshaus, das sich später Stuart nennt, regiert bis 1689.

1350/1362 Zweimal wütet die Pest in Schottland. Es dauert fast 50 Jahre, bis sich das Land wieder erholt hat.

Ab 1520 Kaufleute bringen die ersten lutherischen Traktate ins Land. Die katholische Kirche gerät unter Druck, zumal Heinrich VIII. von England die Heirat seines Sohnes Edward mit der damals 2-jährigen Maria Stuart durchzusetzen versucht. Der Calvinist John Knox heizt den Volkszorn gegen den »Papismus« an. 1560 schafft das Reformation Parliament die katholische Staatskirche ab.

1561 Maria Stuart besteigt den Thron, muss 1567 aber zugunsten ihres erst einjährigen Sohnes

Jakob VI. abdanken. Sie flieht nach England, wo sie von Königin Elisabeth I. gefangen genommen und 1587 nach 18-jähriger Haft hingerichtet wird.

1603 Nach Elisabeths Tod wird Jakob VI. als Jakob I. König von England – die Stuarts regieren nun Schottland und England gut 100 Jahre lang, unterbrochen zwischen 1649 und 1660 durch den englischen Bürgerkrieg und die Herrschaft Oliver Cromwells.

1707 Mitglieder des schottischen Parlaments und der Kirche lassen sich bestechen und ratifizieren die »Articles of Union«, womit die Realunion zwischen England und Schottland besiegelt wird: Das Vereinigte Königreich von Großbritannien entsteht.

1714–1719 Anhänger der Stuarts versuchen, den Sohn Jakobs VII./II. als Thronprätendenten durchzusetzen. Der erste Aufstand, vorwiegend von Highland Clans getragen, scheitert; ein zweiter Versuch 1719 wird schon im Ansatz zunichtegemacht.

1745/46 Dritter Jakobitenaufstand, angeführt von »Bonnie Prince Charlie«, dem Enkel des letzten Jakob. Nach Anfangserfolgen endet die entscheidende Schlacht von Culloden mit einer vernichtenden Niederlage der Jakobiten.

Ab ca. 1750 Schottland erlebt im Zuge der industriellen Revolution einen Wirtschaftsaufschwung. Die »schottische Aufklärung« bringt neben großen Künstlern geniale Ingenieure und Philosophen hervor (Watt, Telford, Hume, Smith); die romantische Verklärung der Highland-Clans beginnt. Periode der Highland Clearances › S. 135, der Entvölkerung Nordschottlands.

Um 1820 Die Rationalisierung der Textilindustrie macht viele Weber arbeitslos. Arbeiteraufstände brechen aus, die niedergeschlagen werden; erst 1877 werden die Arbeitszeiten und Arbeitsbedingungen in der Industrie gesetzlich geregelt.

Nach 1945 Die schottischen Zentren der Kriegsindustrie werden auf Konsumgüter umgestellt.

Um 1975 Beginn der Nordseeöl-Förderung vor der schottischen Ostküste.

1997 Referendum für ein schottisches Regionalparlament.

1999 Die erste schottische Volksvertretung seit 1707 nimmt in Edinburgh ihre Arbeit auf.

2004 Das neue schottische Parlamentsgebäude wird eingeweiht.

2007 Bei den Neuwahlen zum Regionalparlament siegt die auf Unabhängigkeit bedachte SNP, die zunächst eine Minderheitsregierung mit Alex Salmond als Erstem Minister bildet.

2011 Bei den schottischen Parlamentswahlen erringt die SNP die absolute Mehrheit.

2012 Alex Salmond kündigt eine Volksabstimmung zur Unabhängigkeit Schottlands für den 18. September 2014 an.

2013 Laut einer Umfrage vom Mai favorisieren nur 31 % der stimmberechtigten Bevölkerung die Souveränität Schottlands, 59 % der Befragten sprechen sich dagegen aus.

Die Menschen

Schottlands alteingesessene Bevölkerung ist keltischen, angelsächsischen und skandinavischen Ursprungs, doch die Auflösung althergebrachter sozialer Strukturen schreitet voran. Selbst auf den entlegenen Orkney-Inseln kann ein erheblicher Teil der »Einheimischen« nicht einmal einen schottischen Akzent vorweisen, geschweige denn eine Generationen zurückreichende Verbundenheit mit dem Land.

Sprache

In Schottland werden drei Sprachen gesprochen: Englisch, der dem Englischen verwandte Dialekt (Lowland) Scots und Schottisch-Gälisch. Fast alle Schotten sprechen Standardenglisch mit schottischem Akzent. Ca. 30 % der Bevölkerung sprechen zudem fließend Scots und 1 % der Bevölkerung auch Schottisch-Gälisch, eine keltische Sprache, die mit dem Irischen verwandt ist. Nur auf den Äußeren Hebriden gibt es noch eine Schottisch-Gälisch sprechende Mehrheit. Englisch und Scots sind vom schottischen Parlament als Amtssprachen anerkannt.

Religion

Die presbyterianische Church of Scotland ist die Nationalkirche in Schottland und gilt als Verkörperung des schottischen Volkscharakters. Ihr calvinistisches Ethos betont den Gehorsam gegenüber Autoritäten und den Wert von eigener Hände Arbeit, aber auch intellektuelle Eigenständigkeit. Daneben gibt es alteingesessene katholische Gemeinden in Glasgow und Dundee sowie in den Highlands und auf den Äußeren Hebriden. 42 % der Bevölkerung gehören der Church of Scotland an, 16 % sind römisch-katholischen Glaubens, 28 % bezeichnen sich als bekenntnislos. Andere Religionen spielen kaum eine Rolle.

Natur & Umwelt

Rund zwei Drittel der Fläche Schottlands werden von Bergen und Hochmooren eingenommen. Ehemals war ein Großteil vom kaledonischen Wald bedeckt, einem Mischwald aus schottischen Kiefern, Eichen, Weißbirken, Weiden, Erlen, Ebereschen und Heidekraut. Mittlerweile sind die mächtigen Waldgebiete auf einige Schutzreservate mit ursprünglicher Vegetation zusammengeschrumpft. Über fast zwei Drittel des Landes breiten sich Moore, Felsen und Heide aus, beinahe 800 000 Hektar sind von Torfmoor bedeckt. Im hohen Norden wachsen Flechten und Moose.

Der aus einem Bergsturz entstandene Quiraing im Norden der Insel Skye. So hoch im Norden wachsen kaum noch Bäume; Gräser und Moose beherrschen das Bild

Rotwild gibt es in Schottland in großer Zahl. Der Wildschweinbestand war schon fast ausgelöscht, hat sich aber inzwischen wieder erholt, während das Überleben der extrem seltenen Wildkatzen und Wildziegen gefährdet ist. Die Hochlandrinder hat man gezüchtet, um Vieh zu haben, das dem kalten Klima gewachsen ist; Weideflächen voller grasender Schafe sind über das ganze Land verteilt. Otter sieht man nur selten, doch die eingeführten Nerze breiten sich rasant aus. Das berühmte einheimische Moorschneehuhn bevölkert in großer Zahl die ausgedehnten Heideflächen, und Millionen von Graugänsen überwintern auf den Stoppelfeldern der Lowlands.

Man ist in Schottland nie weit vom Meer entfernt, und neben den fast baumlosen Bergketten der Highlands können Felsküsten als typisch schottische Landschaft gelten. So finden sich auf den Inseln und an den Küsten einige der bedeutendsten Seevogelkolonien Europas.

2002 wurde mit dem Loch Lomond and the Trossachs National Park der erste Nationalpark Schottlands eröffnet, in dem sich seltene Tiere wie Goldadler und Grönlandgänse niedergelassen haben. 2003 folgte als zweiter Park der Cairngorms National Park. Hier leben vor allem der schottische Kreuzschnabel, Wildkatzen und Dachse sowie eine Population von Seeadlern.

Kunst & Kultur

Bildende Kunst

Die Kunst der Pikten überdauerte nur in Form von Metallarbeiten und behauenem Stein. Ihre Verzierungen mit Symbolen und Tierbildnissen verschmolzen mit den stärker ornamentalen Arbeiten der aus Irland eingewanderten Skoten. Der Großteil der Buchilluminationen und Kirchendekorationen aus dem Mittelalter ging verloren, als im 16. Jh. alle Klöster zerstört wurden. Eine eigenständige schottische Malerei entstand Mitte des 16. Jhs., als reich bemalte Zimmerdecken aufkamen (Crathes Castle › **S. 87**). Das 18. Jh. wurde mit der Blüte der »schottischen Aufklärung« zur Ära der Porträtmalerei (Allan Ramsay, Henry Raeburn). Alexander Runciman und Alexander Nasmyth huldigten dem klassischen Ideal: Griechenland, Rom und stille Lowland-Landschaften waren ihre Sujets. Im 19. Jh. setzte die romantische Verklärung der Highlands ein – z. B. in dramatischen Genreszenen von David Wilkie und bedrohlich wirkenden Landschaften von Horatio McCulich.

Vorläufer der Moderne war William McTaggart, der als Genremaler begann, seine Seestücke vom Ende des 19. Jhs. konzentrieren sich jedoch ganz

SEITENBLICK

Nicht nur der Dudelsack macht die Musik

Die traditionelle Musik Schottlands gedeiht in vielerlei Formen, von strengster Traditionspflege bis zur Rockmusik mit gälischen Texten.

Die frühesten »schottischen« Instrumente (um 700 v. Chr.) sind Hörner und Trompeten aus Bronze, die wahrscheinlich als Kavalleriesignale dienten. Sackpfeifen wurden wohl zuerst aus Südeuropa als Militärinstrumente eingeführt. An der Wende zum 17. Jh. lässt sich eine hochentwickelte konzertante Spielkultur mit ausgeprägter Hierarchie nachweisen: Neben der »kleinen Musik« (Ceòl beag) der Jigs und Reels und der »mittleren Musik« (Ceòl meadhonach) der Airs und Klagelieder bildete sich eine »große Musik« (Ceòl mór oder Piobaireachd) heraus, deren anspruchsvolle Formen in den Dynastien der Clanpfeifer von Generation zu Generation weitergegeben wurden.

Neben den über ein Mundrohr angeblasenen Highland pipes oder Great pipes sind oft die Lowland oder Small pipes zu hören, die mittels eines Blasebalgs bedient werden. Seit frühester Zeit kennzeichnen Harfen und seit dem 18. Jh. auch Geigen die schottische Volksmusik.

Viele Folkgruppen verwenden heutzutage neben Pipes, Fiddles, Flöten und Akkordeon auch die üblichen Rockinstrumente. Traditionellere Formen pflegen Sängerinnen wie Cilla Fisher und Christine Primrose, die Harfenistin Alison Kinnaird, der Geiger Ali Bain oder der Dudelsackvirtuose Hamish Moore.

auf den persönlichen Eindruck. Die als Glasgow Boys bekannte Malergruppe (u.a. James Guthrie und W. Y. Macgregor) war vom französischen Impressionismus beeinflusst, ebenso wie die als Koloristen bekannten Maler um S. J. Peploe nach 1900.

Die zeitgenössischen Künstler John Bellany (Porträts) und Ian Hamilton Finlay (Skulpturen) genießen große Bekanntheit. Die sogenannten Edinburgh Girls – June Redfern, Fionna Carlisle – pflegen einen expressiv-figürlichen Stil. Ken Currie (geb. 1960) hat sich mit seinen Gemälden für den People's Palace (Glasgow) einen Namen gemacht.

Literatur

Schottland hat literarische Werke in drei Sprachen hervorgebracht. Nahm man lange Zeit nur englischsprachige Literatur ernst, wird heute wieder mehr Aufmerksamkeit auf Texte in Scots und Gälisch gerichtet.

Die Entwicklung einer volkssprachlich aufgezeichneten Literatur beginnt um das Jahr 1350. Mit John Barbours Reimchronik »The Bruce« entstand 1375 ein großes schottisches Nationalepos im englischen Dialekt der schottischen Lowlands. Um die Wende vom 15. zum 16. Jh. feierte man Dichter wie Robert Henryson und William Dunbar wegen ihrer Versallegorien und Satiren.

Um 1725 begann die schottische Literatur mit Pastoralen wie »The Gentle Shepherd« von Allan Ramsay und James Thomsons »The Seasons« (von Joseph Haydn vertont) ihren Siegeszug. 1765 erschienen James Macphersons »Übertragungen« der Ossian-Gedichte: Der Schulmeister sammelte gälische Balladen, die er übersetzte, zusammenfasste und mittels einer gefälschten historischen Zuordnung unter dem Titel »Fingal« als gälisches Originalepos ausgab. Dieser »Fund« wurde in ganz Europa diskutiert. Fingal wurde zu einem Lieblingswerk vieler Romantiker, die auch die Gedichte von Robert Burns und Walter Scott schätzten. Scotts historische Romane (»Waverley«, »Ivanhoe«) gehörten zu den Bestsellern des frühen 19. Jhs., während Burns' Mundartgedichte ihm den Titel eines »schottischen Nationaldichters« eintrugen. Thomas Carlyle, auch Übersetzer deutscher Klassiker und Romantiker, trug Mitte des 19. Jhs. wesentlich zum viktorianischen Kulturleben bei.

Die Romantik verhalf gälischer Literatur zu größerer Verbreitung, als die Werke des Erzählers Rob Donn MacAoidh (Robert MacKay) und des Lyrikers Donnchadh Ban Macan t-Saoir (Duncan Ban Macintyre) niedergeschrieben, ins Englische übersetzt und veröffentlicht wurden.

Das 20. Jh. brachte eine neue Blüte schottischer Lyrik, sowohl auf Englisch (Hugh MacDiarmid: »A Drunk Man Looks at the Thistle«) wie auch auf Gälisch. Bekannte Schriftsteller sind heute u. a. die Erzählerin A. L. Kennedy, die Krimiautoren Ian Rankin und Val McDermid sowie Irvine Welsh, dessen Roman »Trainspotting« 1996 erfolgreich verfilmt wurde.

Das Glasgow Science Centre am Südufer des River Clyde

Architektur

Eine eigenständige »schottische« Architektur gibt es nicht, das Land hat aber einige international einflussreiche Architekten hervorgebracht.

Zu Beginn des 14. Jhs. bildete sich eine spezifisch schottische Variante im Bau befestigter Anwesen heraus: das Tower House, ein massiver Wohnturm mit Küche und Stallungen im Erdgeschoss, dem Saal im ersten Stock und Privatgemächern darüber.

Der Architekt Colin Campbell legte um 1700 den Grundstein für die Hochblüte des Klassizismus, dessen herausragende Vertreter Robert und James Adam waren. Charlotte Square in Edinburgh und Culzean Castle sind Beispiele für ihr Wirken, bei dem kein dekoratives Detail der Innenausstattung vernachlässigt wurde.

Im 19. Jh. folgte der Prunkstil der viktorianischen Architekten, die dem merkantilen Selbstbewusstsein Ausdruck verliehen (City Chambers, Glasgow). Die Gegenbewegung brachte mit dem »Glasgow Style« eine spezifische Ausprägung des Art nouveau hervor: Die Gruppe um Charles Rennie Mackintosh setzte auf klare Formen und geometrische Dekoration – Bauten wie die Glasgow School of Art gehören zu den individuellsten Werken der schottischen Architekturgeschichte.

Die politische Teilselbstständigkeit Schottlands hat Ende des 20. Jhs. einen Boom zeitgenössischer Architektur ausgelöst, zu sehen etwa am National Museum of Scotland in Edinburgh oder am Lighthouse in Glasgow. Das Science Museum am Clyde-Ufer bildet den Nukleus futuristischer Bauten aus Hightech-Materialien. Geschichte und Natur des Landes flossen beim Bau des Parlaments in Edinburgh in die kompromisslos moderne Konzeption ein – ein Leitmotiv der zeitgenössischen schottischen Architektur.

Feste & Veranstaltungen

In Schottland laden zahlreiche Musik- und Kulturfestivals Einheimische wie Besucher ein, das kulturelle Erbe des Landes näher kennenzulernen. Neben landestypischen Events sind Highlights wie die internationalen Festivals in Edinburgh vom Kulturkalender nicht mehr wegzudenken.

Festkalender

Januar: Hogmanay: Silvester/Neujahr wird ausgiebig gefeiert. **Burns Night:** Mit einem Festessen begeht man den Geburtstag des Nationaldichters Robert Burns am 25. Januar. **Celtic Connections Festival:** Keltische Musik in Glasgow mit den Folk-, Roots- und World-Music-Acts aus aller Welt.

Februar: Glasgow Film Festival.

Mai bis September: traditionelle **Highland Games** und **Gatherings** in verschiedenen Orten (Braemar Royal Highland Gathering jeweils am ersten Samstag im September).

Mai: Spirit of Speyside Whisky Festival: Ein Muss für alle Whiskyfreunde. **Aviemore Walking Festival:** Verschiedene Wanderungen durch Schottlands Nationalpark.

Juni: Royal Highland Show in Edinburgh: größte Landwirtschaftsschau Schottlands. **Edinburgh International Film Festival. Glasgow International Jazz Festival:** Bedeutendes Jazzfestival.

Juli: T in the Park: Führendes Outdoor Festival mit bekannten Rockgruppen. **Edinburgh Jazz & Blues Festival:** Das größte seiner Art in ganz Großbritannien, Auftritte in der ganzen Stadt. **Speyfest:** Das größte Festival für traditionelle und moderne keltische Musik findet in Fochabers im nordöstlichen Verwaltungsbezirk Moray statt.

August: Edinburgh Military Tattoo, Edinburgh Festival Fringe, Edinburgh International Festival: Die schottische Hauptstadt steht ganz im Zeichen der Kultur › S. 55. Bei den **World Pipe Band Championships** in Glasgow spielen Dudelsackbands aus aller Welt.

September: BLAS Festival: Ein Festival, das die Highlands mit all ihren Facetten feiert.

Oktober: Enchanted Forest in Perthshire. Abendliche Lichtershow im Land der großen Bäume.

Die vielen Highland Games sind echte Besuchermagneten

Essen & Trinken

Schottland ist berühmt für fein gemasertes Rind- und Lammfleisch, das aus artgerechter Haltung stammt. Hinzu kommen Rot- und Federwild, z. B. Reh oder Fasan. Meer, Flüsse und Lochs liefern Lachs und Forellen, vielerlei anderen Fisch, dazu Muscheln, Krabben und Hummer frisch vom Kutter. Die traditionelle Küche verwendet vorzugsweise Kartoffeln, Kohl, Rüben und Lauch – auch Wildpilze sind reichlich vertreten. Der Obstanbau, besonders von Beeren, hat in den Lowlands eine lange Tradition, und die Früchte werden zu köstlichen Nachspeisen und Marmeladen verarbeitet.

Beim schottischen Frühstück können die in Großbritannien ohnehin üblichen Eier mit Speck und Grilltomate plus Toast durch Pilze, Würstchen, Räucherfisch, Porridge, Blutwurst, Bratkartoffeln und Nierchen in brauner Soße ergänzt werden. Neben Tee wird am Morgen auch gerne Kaffee getrunken, auch wenn starker Tee mit Milch und Zucker immer noch als Allheilmittel für jede Art von Schock gilt.

Die Website der Organisation **Taste of Scotland** führt empfehlenswerte Restaurants, Produkte aus dem Lebensmittelbereich sowie Bauern- und Herstellermärkte auf (www.taste-of-scotland.com).

Hauptsache Hafer

In sein 1775 erschienenes Wörterbuch der englischen Sprache trug Samuel Johnson die berühmt gewordene Definition ein: »Hafer – ein Getreide, das in England gemeinhin den Pferden verfüttert wird, in Schottland dagegen die Menschen ernährt.«

Hafermehl wird zu ungesüßtem Gebäck *(oatcakes, bannocks)*, Haferbrei *(porridge, brose)* und Klößen *(cloutie dumplings)* verarbeitet, Haferschrot ist Bestandteil des Nationalgerichts *Haggis*, Käse wird in grob gemahlenem Hafer gerollt *(Caboc)*. Weltbekannt ist das köstliche Mürbeteiggebäck *Shortbread*, dessen Rezept als »six, four, two« bekannt ist: sechs Teile Mehl, vier Teile Butter, zwei Teile Zucker. Für *Atholl brose* wird dünner Haferbrei mit Honig und Whisky vermischt. Honig und Whisky stecken auch in *Cranachan*, einer Süßspeise, die man mit Früchten und Sahne isst.

Haggis, Schottlands Nationalgericht

Haggis – ein Muss

Viele mögen zunächst die Nase rümpfen, doch man sollte Haggis probiert haben, um sich ein Urteil erlauben zu können. Es besteht aus dem Magen eines Schafes, der mit Herz, Leber, Lunge, Nierenfett vom Schaf, Zwiebeln und Hafermehl gefüllt wird. Haggis ist mit Pfeffer scharf gewürzt, das Hafermehl verleiht ihm eine etwas schwerere Konsistenz als Wurst. Der Nationaldichter Robert Burns hat sogar eine Ode an den Haggis geschrieben. Mit Fantasie zubereitet, steht Haggis selbst in Feinschmeckerlokalen auf der Speisekarte; als Zugeständnis an den allgemeinen Trend gibt es sogar eine vegetarische Variante.

Durstlöscher und Whisky

Die weltweit üblichen Erfrischungsgetränke und einheimische Mineralwässer ergänzen in Pubs die diversen Biersorten: helles »Lager«, stark gehopftes »Bitter« und das schwarze »Stout« irischer Herkunft, außerdem bieten manche Pubs traditionell gebraute »Real Ales« an.

Whisky, das »Wasser des Lebens«, ist als Exportschlager für Schottland mehr denn je von größter Bedeutung. 2012 ist der Export von Whisky gegenüber dem Rekordjahr 2011 (damals ein Anstieg von 23 %) zwar um 5 % zurückgegangen, dennoch belief sich das Verkaufsvolumen auf 4,27 Mrd £. Besucher können unzählige Brennereien besichtigen › S. 40.

Natürlich trinken die wenigsten Schotten im Alltag ständig Whisky, geschweige denn teuren unverschnittenen »Single Malt«, der in einer einzigen Destillerie nur aus gemälzter Gerste gebrannt und mindestens acht Jahre in Eichenfässern gelagert wird. Aber der Genuss von Marken wie Cragganmore oder Laphroaig bietet schon ein besonderes Erlebnis.

Feine Küche und Fish & Chips

Erst-! klassig

- Was wäre Schottland ohne einen richtigen Afternoon Tea? Im Drawing Room des piekfeinen **Balmoral Hotel** in Edinburgh wird Tee noch zelebriert. Was man nicht verspeisen konnte, darf man sorgfältig verpackt mitnehmen. › S. 54
- Vegetarisch und vegan muss nicht langweilig sein, wie das **Henderson's** in Edinburgh beweist. Fantasievolle Kreationen und ausgewählte Zutaten machen einen Besuch zur Gaumenfreude. › S. 54
- Auch im Whiskyland Schottland ist man einem schönen Bier nicht abgeneigt. Es gibt zahlreiche Mikrobrauereien, darunter die **Moulin Brewery** in Pitlochry. Im angeschlossenen Pub kann man ihr »Ale of Atholl« schlürfen. › S. 95
- Dem **Fish & Chip Van** in Tobermory auf der Insel Mull stattete selbst Prince Charles schon einen Besuch ab. › S. 108
- Es gibt unzählige Restaurants, die feine schottische Küche servieren, besonders zu empfehlen ist das **Harbour View Seafood Restaurant** auf Skye, das sich die Atmosphäre des ehemaligen Fischerhäuschens bewahrt hat. › S. 121

SPECIAL

Idyllen mit Destillen

Die Pagodendächer ihrer Schornsteine weisen die weiß getünchten Gebäude als Whiskybrennereien aus – darunter liegen die Malzdarren zum Trocknen der gekeimten Gerste: Auf der Insel Islay arbeiten auf kleinstem Raum so viele Destillen, dass Islay als eigenständige Whiskyregion geführt wird. Von den acht Brennereien produzieren sieben ihre eigenen Single Malt Whiskys. Die achte trägt den Namen des Hafens Port Ellen und dient als zentrale Mälzerei.

Beim **Islay Festival of Malt and Music** Ende Mai/Anfang Juni bieten alle Brennereien Verkostungen und Führungen bei schottischer Musik an. Man sollte sich wegen des großen Andrangs frühzeitig anmelden (www.theislayfestival.co.uk).

Torfrauch und Meer

Alle, die Single Malts lieben, werden Marken wie Laphroaig, Lagavulin oder Bowmore kennen, die in einschlägigen Geschäften in aller Welt zu haben sind. Die Produkte der Brennereien Caol Ila oder Ardbeg dagegen sind nicht so allgegenwärtig, aber ebenso köstlich: Islay-Whiskys schmecken unverwechselbar nach Torfrauch und Meer. Bei den Führungen gibt es neben Infos zur Herstellung und mancher Anekdote auch eine Probe des jeweiligen Produkts.

Ardbeg
Port Ellen
Tel. 01496/302 244
www.ardbeg.com
Mai–Sept. tgl. 9.30–17, sonst Mo–Fr 9.30–17 Uhr.

 Bild oben: Brennblasen in der Talisker Distillery auf der Insel Skye

- **Bowmore**
  Bowmore
  Tel. 01496/810 671
  www.bowmore.com
  Ostern–Sept. Mo–Sa 9–17, Juli bis Sept. auch So 12–16 Uhr; Okt. bis Ostern Mo–Fr 9–17, Sa 9–12 Uhr.
- **Bunnahabhain**
  Port Askaig
  Tel. 01496/840 646
  www.bunnahabhain.com
  Führungen Mo–Fr 10.30, 13.30 und 15.30 Uhr. Anmeldung erforderlich. Shop Mo–Fr 10–16.30 Uhr.
- **Bruichladdich**
  an der A847
  Tel. 01496/850 190
  www.bruichladdich.com
  Mo–Fr 9–18, Sa 10–16 Uhr, im Sommer auch So Führungen.
- **Caol Ila**
  Port Askaig
  Tel. 01496/302 760
  www.discovering-distilleries.com
  Apr.–Aug. Mo–So 9–17 Uhr, Sept./Okt. Mo–Sa 9–17 Uhr, Nov.–März Di–Sa 10–16 Uhr. Im Sommer fünf Führungen täglich.
- **Lagavulin**
  Port Ellen
  Tel. 01496/302 749
  www.discovering-distilleries.com
  Mai–Sept. Mo–Fr 9–19, Sa/So 9–17 Uhr, Okt.–April tgl. 9–17 Uhr. Im Sommer sieben Führungen täglich.
- **Laphroaig**
  Port Ellen
  Tel. 01496/302 418
  www.laphroaig.com
  März–Okt. tgl. 9.45–17 Uhr, Nov.–Feb. tgl. bis 16.30 Uhr. Führungen im Sommer 10.30, 11.30, 14 und 15.30 Uhr, im Winter 11.30 und 14 Uhr.

The Best of the Rest

Die bedeutendste Whisky-Insel nach Islay ist die Hauptinsel der Orkneys, Mainland. Die beiden Destillerien **Highland Park** und **Scapa** sind nicht nur die nördlichsten Schottlands, sie produzieren auch viel gepriesene Single Malts. Scapa ist allerdings öffentlich nicht zugänglich (www.scapamalt.com).

- **Highland Park**
  Kirkwall
  Tel. 01856/874 619
  www.highlandpark.co.uk
  Mai–Aug. Mo–Sa 10–17, So ab 12 Uhr, Führungen stündl. bis 16 Uhr, April/Sept. Sa/So geschl., Okt.–März Mo–Fr 13–17, Führungen 14 u. 15 Uhr.

Die Region Speyside

Klares Quellwasser, saubere Luft und Gerste, die auf den Feldern der Umgebung wächst, veredeln die Whiskys aus der Region Speyside, die für Eleganz und Komplexität stehen. Die Auswahl an Brennereien ist groß, und die produzierten Whiskys sind so verschieden, dass man als touristische Attraktion einen eigenen Malt Whisky Trail ins Leben gerufen hat (www.maltwhiskytrail.com, › **S. 89**).

Außerdem …

Neben Islay und Speyside gibt es in Schottland zwei weitere Whiskyregionen: Highlands & Islands (z.B. **Talisker** auf der Insel Skye › **S. 120**) und Lowlands. Bei einem Besuch in Edinburgh empfiehlt sich der Ausflug zur nahe gelegenen **Lowlands-Distillery Glenkinchie** (Tranent, www.discovering-distilleries.com).

TOP-TOUREN IN SCHOTTLAND

Blick auf die Burg von den Princes Street Gardens, Edinburgh

Edinburgh & Glasgow

Das Beste!

- **Aufstieg zum Arthur's Seat** im Holyrood Park, Edinburgh › S. 51
- **Die Literary Pub Tour** in Edinburgh › S. 50
- **Blick in der Abenddämmerung** vom Calton Hill über Edinburgh › S. 52
- **Tee in den Willow Tea Rooms,** Glasgow › S. 59
- **Der Charles Rennie Mackintosh Trail** in Glasgow › S. 60
- **Besuch im Kelvingrove Art Gallery & Museum,** Glasgow › S. 60
- **Ausflug auf die Insel Arran,** dem Schottland im Kleinformat › S. 63

Edinburgh ist eine der schönsten Städte Europas, und auch Schottlands zweite Metropole Glasgow hat mit ihrer lebendigen Szene viel zu bieten – vom »Glasgow Style« des Art nouveau bis zum modernen Design spannt sich der Bogen.

Die schottische Hauptstadt Edinburgh ist nach London die meistbesuchte Stadt Großbritanniens, ihr Schloss *die* britische Touristenattraktion außerhalb Londons.

Die Stadtplaner des 18. Jhs. sorgten für eine übersichtliche Aufteilung in eine vorwiegend klassizistische »Neustadt« und die verwinkelte Altstadt. Dem alles überragenden Schloss auf dem schroffen Felsen verdankt Edinburgh seine unverwechselbare Silhouette. Old Town und New Town zählen seit 1995 zum Weltkulturerbe der UNESCO.

»Edinburgh ist schottisch, Glasgow ist kosmopolitisch« – diese Feststellung aus den 1920er-Jahren gilt noch heute: Glasgow war nicht nur Auswanderungshafen, sondern nahm auch zahlreiche Einwanderer auf. Auch wenn Glasgow nicht an das Image von Edinburgh heranreicht, so hat die inzwischen sehr attraktive Stadt bedeutende Bauten des europäischen Art nouveau (Glasgow Style), viktorianische Prunkarchitektur, mehrere Museen von Weltniveau und eine pulsierende Szene aufzuweisen. Glasgow hat sich zum Zentrum für Kunst, Design und Musik entwickelt. Und nicht zuletzt werden die Glaswegians für die freundlichsten Menschen in ganz Schottland gehalten.

Tour in der Region

Tour 4 Ein verlängertes Wochenende der Kontraste

Tour-Übersicht:

Verlauf: Edinburgh › Glasgow

Dauer: 3–4 Tage; Karte › S. 66

Praktische Hinweise:

- Dank der günstigen Verbindung mit Bahn (www.scotrail.co.uk) oder Bus (www.citylink.co.uk) zwischen Edinburgh und Glasgow empfiehlt es sich, alle Übernachtungen in einer der Städte zu buchen. Selbst spät abends kommt man noch problemlos in die andere Stadt zurück.
- Während der Festspielzeit in Edinburgh, wenn man dort nur schwer eine preiswerte Unterkunft findet, kann man in Glasgow übernachten und trotzdem alle Festival-Highlights miterleben.

Am Grassmarket Square in Edinburgh

Tour-Start:

Der beste Ausgangspunkt für die Erkundung von Edinburgh ist ****Edinburgh Castle › S. 47**. Vom Vorplatz des Schlosses überblickt man die ****Royal Mile › S. 48**, die sich bis zum ****Palace of Holyroodhouse › S. 51** erstreckt, dem Sommersitz der Queen, wenn sie in der Stadt weilt. An **Castlehill › S. 48**, **Lawnmarket › S. 48**, **High Street › S. 50** und **Canongate › S. 51** reiht sich Sehenswürdigkeit an Sehenswürdigkeit. Von der High Street lohnt sich außerdem ein kurzer Abstecher zum ****National Museum of Scotland › S. 50**, von dessen Dach man einen wunderschönen Ausblick genießt. Am Ende der Royal Mile, kurz vor dem **Holyrood Park, › S. 51** passiert man das hypermoderne Gebäude des **Scottish Parliament › S. 51**, dessen Fassade viele Details aufweist.

Am Holyrood Park angekommen, besteigt man den Lothian Bus Nr. 36 zur **Princes Street › S. 52**, von deren westlichem Ende es nur ein kurzer Weg zum **Charlotte Square › S. 52** ist, dem Inbegriff georgianischer Architektur und Westgrenze der ****New Town › S. 52**, der man den zweiten Tag widmen kann.

Roayl Mile, Edinburgh

Edinburghs Haupteinkaufsstraße ist die Princes Street mit den angrenzenden **Princes Gardens › S. 52**, die zum Verweilen einladen. Kunstliebhaber werden die ****Scottish National Gallery › S. 52** besuchen. Kaum einen schöneren Blick auf die Stadt und das Schloss hat man von Gipfel des ***Calton Hill › S. 52**.

Nur wenig westlich von Calton Hill liegt Edinburghs Busbahnhof am St. Andrews Square, etwas südwestlich der Bahnhof Waverley. Von beiden Stationen kann man die knapp einstündige Fahrt nach Glasgow antreten.

Auch in ****Glasgow › S. 57** liegen der Bahnhof Queen Street bzw. der Busbahnhof Buchanan Street sehr zentral. So ist es nur ein Katzensprung zum repräsentativen **George Square › S. 57**. Zum Glasgow Information Centre in der 170 Buchanan St. ist es von hier nur ein kurzer Weg. Viktorianische Pracht zeigen die Bauten am Platz, v. a. die ***City Chambers** mit ihren Mosaikkuppeln und Prachttreppen. Um die Ecke befindet sich die neoklassizistische ***Gallery of Modern Art.**

Glasgows architektonische Besonderheit sind jedoch die Bauten und Werke Charles Rennie Mackintosh! Ein Mackintosh-Trail-Ticket, **Erst-! klassig** das für 10 £ Eintritt in alle Mackintosh-Gebäude mit Ausnahme der Glasgow School of Art gewährt, erhält man u. a. im Information Centre. Einen ersten Eindruck vom Schaffen des Architekten und Designers erhält man beim Besuch der **Willow Tea Rooms** › S. 59. Von dort ist es nicht weit zum Gebäude der ****Glasgow School of Art** › S. 60, das Mackintosh als Sitz der Kunstakademie errichtete. Mackintosh-Fans nehmen dann die U-Bahn (bis Ibrox Station) oder den Bus (Linie 9, 36, 38, 54 ab Union St.) und besuchen das ***House for an Art Lover** › S. 61. Ebenfalls sehr sehenswert ist das besucherfreundliche ****Kelvingrove Art Gallery and Museum** › S. 60 mit 19 Hauptabteilungen im **Kelvingrove Park** › S. 60.

Zum Shopping verführt Glasgows feine Einkaufstraße **Buchanan Street** › S. 57. Danach ist eine Pause auf dem **Glasgow Green** › S. 58 am River Clyde wohltuend. Am Wochenende kann man noch **The Barras Market** › S. 58 nördlich des Parks besuchen, wo Schottlands größter Flohmarkt stattfindet. Kulturbeflissene führt die Glasgowtour zur ****Glasgow Cathedral** › S. 58, im 6. Jh. ursprünglich vom heiligen Mungo errichtet. An die Kathedrale grenzt der romantische Friedhof **Necropolis** › S. 59 an.

Zwei Sehenswürdigkeiten, bei denen vor allem Kinder ihren Spaß haben, sind das Museumsschiff **Glenlee** › S. 61 am **River Clyde** sowie das moderne **Glasgow Science Centre** › S. 61.

Unterwegs in ***Edinburgh

In der Old Town

**Edinburgh Castle Ⓐ

In den Mauern der eindrucksvollen Anlage steht das älteste erhaltene Bauwerk der Stadt, die **St. Margaret's Chapel** (12. Jh.). Unterhalb befinden sich ein Tierfriedhof sowie die Riesenkanone **Mons Meg** (1457). Pünktlich um 13 Uhr von Mo bis Sa wird ein Schuss abgefeuert, allerdings von der **One O'clock Gun** (1953).

Am Crown Square liegen die **Königsgemächer** *(royal apartments)* mit der winzigen Kammer, in der Maria Stuart den späteren Jakob VI. zur Welt brachte. Laich Hall (1617) zeichnet sich durch eine prächtige Renaissancedecke und Königswappen aus. Durch eine Reihe von mit lebensgroßen Figuren nachgestellten Szenen der Geschichte gelangt

SEITENBLICK

Der Edinburgh Pass

Dieser Pass gewährt kostenlosen Eintritt zu über 30 Sehenswürdigkeiten (die Burg nicht eingeschlossen), zudem Rabatte bei einigen Restaurants, Geschäften, Sightseeingtouren oder Festivals. Das Ticket, am Flughafen oder beim Edinburgh Information Centre auf der Princes Street erhältlich, gilt auch für die städtischen Busse und den Transferbus vom Flughafen (www.edinburgh.org/pass).

› Karte S. 48

man zu den **Kronjuwelen,** den *Honours of Scotland.* Neben Krone, Schwert und Zepter (15./16. Jh.) hat auch der **Stone of Destiny,** hier seinen Platz gefunden. Auf ihm wurden Schottlands Könige gekrönt.

Die **Prisons of War** und das **National War Museum** unterstreichen den militärischen Charakter der Burg (April–Sept. tgl. 9.30–18, Okt. bis März 9.30–17 Uhr).

Wenige Schritte vom Schlossportal entfernt, lernt man in **The Scotch Whisky Experience** bei einer Rundfahrt in einer Art Whiskyfass auf Schienen die Geschichte des Scotch kennen (www.scotchwhiskyexperience.co.uk).

1 Die **Royal Mile

Vom Schloss erstreckt sich die Königliche Meile in gerader Linie fast genau eine Meile (1,6 km) bis zum Palace of Holyroodhouse. Wegen der vielen Sehenswürdigkeiten mag der Weg sogar länger erscheinen (www.edinburgh-royalmile.com).

Castlehill B

Zu den ungewöhnlichen Bauten am Castlehill zählt **Cannonball House** – im Westgiebel steckt noch eine Kanonenkugel, die bei einer der unzähligen Belagerungen vom Schloss her abgefeuert worden sein soll.

An der Ecke gegenüber erhebt sich der **Outlook Tower** aus dem 17. Jh. mit der **Camera Obscura** auf dem Dach. Mit ihrer Hilfe kann man die neugotischen Steinmetzarbeiten in 70 m Höhe an **The Hub** (ehemals Tolbooth Kirk) quasi in Großaufnahme bewundern.

Lawnmarket C

Am Übergang vom Castlehill zum Lawnmarket trifft man auf die ersten umbauten Höfe und Sackgassen, die für die Altstadt typisch sind: **Milne's Court** und **James Court.** Als um 1700 die gegenwärtige Bebau-

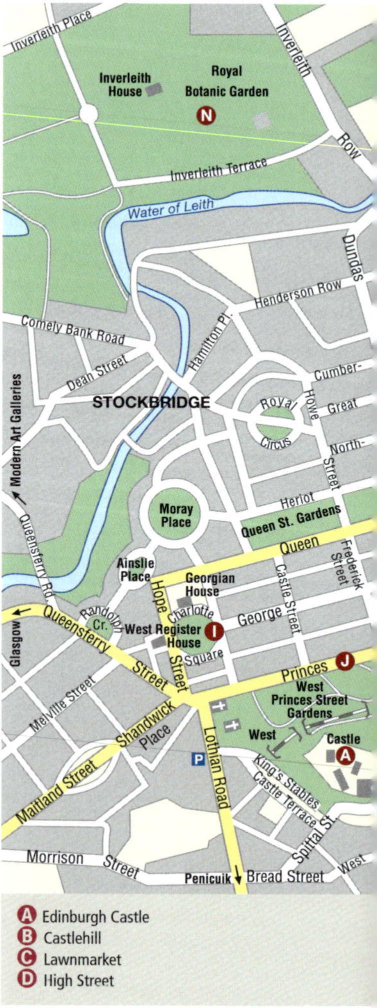

A Edinburgh Castle
B Castlehill
C Lawnmarket
D High Street

ung entstand, gehörten die Wohnungen darin zu den gefragtesten in Edinburgh. **Gladstone's Land,** das ehemalige Heim des Tuchhändlers Thomas Gledstanes aus dem 17. Jh., ist üppig mit bemalten Holzbalkendecken und barocken Schnitzmöbeln ausgestattet (Apr.–Okt. tgl. 10–17, Juli/Aug. tgl. 10–18.30 Uhr).

Nebenan in Lady Stair's Close beherbergt das Lady Stair's House das **Writers' Museum** – voller Andenken an Robert Burns, Walter Scott und Robert Louis Stevenson. Gegenüber

E National Museum of Scotland
F Canongate
G Palace of Holyroodhouse
H Our Dynamic Earth
I Charlotte Square
J Princes Street
K Scottish National Gallery
L Calton Hill
M Scottish National Portrait Gallery
N Royal Botanic Garden

› Karte S. 48

Im Inneren der High Kirk of St. Giles

dem Museum ist **Brodie's Close,** nach dem 1788 gehenkten Deacon Brodie benannt – angeblich das Vorbild für Stevensons »Dr. Jekyll und Mr. Hyde«.

Erst-! klassig

Eine literarische Pubtour › S. 56 auf den Spuren großer Autoren der Vergangenheit und Gegenwart bietet **The Edinburgh Literary Pub Tour,** Tel. 0800/169 7410, www.edinburghliterarypubtour.co.uk. Heute schickt der schottische Erfolgsautor **Ian Rankin** den Detective Inspector John Rebus in Edinburgh auf Verbrecherjagd (z. B. in seinem neuesten Roman »Mädchengrab«, 2013).

High Street D

Vom Lawnmarket her sieht man die eindrucksvolle ***High Kirk of St. Giles** mit ihrem kronenförmigem Turmaufsatz in die High Street hineinragen. Das Äußere der Kathedrale stammt – mit Ausnahme des Turms – aus dem 19. Jh., die frühesten Teile im Inneren datieren aus dem 14. Jh.

Die Kirche steht auf dem Parliament Square, dem einzigen Stück ebener Erde entlang der Royal Mile. Das **Parliament House** an der Südseite des Platzes besitzt sehenswerte Interieurs wie die Great Hall (Mo bis Fr 10–16 Uhr). Gegenüber von St. Giles ist der Eingang zu **The Real Mary King's Close**, wo man die schaurige Erfahrung des Stadtlebens zur Zeit der Pest machen kann.

Starke Nerven benötigt man auch bei Stadttouren von Mercat Tours um die Ecke (28 Blair St., Tel. 0131/225 5445; www.mercattours.com). Das Unternehmen veranstaltet historische und Grusel-Führungen durch Edinburgh.

Erst-! klassig

Von der High Street ist es nur ein kurzer Weg zum ****National Museum of Scotland** E. Es vereint die natur-, wissenschafts- und kunstgeschichtlichen Sammlungen des ehemaligen Royal Museum in viktorianischen Hallen und dem modernen Bau der Stararchitekten Benson & Forsyth (tgl. 10–17 Uhr, Eintritt frei, www.nms.ac.uk). Im Dachgeschoss bietet das Restaurant The Tower großartige Ausblicke und feinstes Essen (Tel. 0131/225 3003; www.tower-restaurant.com, ●●●).

Erst-! klassig

Die **Tron Kirk** an der Kreuzung High Street, North und South Bridge dient nicht mehr als Kirche und ist für die Öffentlichkeit momentan nicht zugänglich.

Etwas östlich der Tron Kirk hat das **John Knox's House** aus dem 16. Jh. die Zeit fast unverändert überlebt: Heute ist es ein Museum zum Andenken an den Reformator, der dort gewohnt haben soll. Ein Zentrum für schottisches Geschichtenerzählen ist angeschlossen (Mo bis Sa 10–18, Juli/Aug. auch So 12 bis 18 Uhr).

Zum **Museum of Childhood,** angefüllt mit unzähligen Puppen und Spielzeug, gelangt man durch eine der Gassen gegenüber.

Canongate F

Im ehemaligen Hofgefängnis **Canongate Tolbooth** rekonstruiert das **People's Story Museum** mit originalgetreu nachgestalteten Innenräumen, Fotografien und Alltagsobjekten die Sozialgeschichte Edinburghs aus der Sicht der Bevölkerung. Gegenüber, im **Huntly House,** wird die Stadtgeschichte anhand von Kunsthandwerk und Dokumenten wie dem National Covenant illustriert.

Ein Durchgang bei Huntly House führt in einen der besterhaltenen Innenhöfe der Stadt, **Bakehouse Close. Lochend Close** schließt auch Panmure House ein, in dem der Nationalökonom Adam Smith bis zu seinem Tod 1790 wohnte.

Am Holyrood Park

Am Ostrand des großen Parks erhebt sich der ****Palace of Holyroodhouse** G, offizielle Residenz der Queen in Schottland. Zu besichtigen sind die State Apartments, die Gemäldegalerie und die Historic Apartments der Maria Stuart (geschl. bei Anwesenheit von Mitgliedern der königlichen Familie, sonst April–Okt. tgl. 9.30–17, Nov.–März bis 15.30 Uhr, jeweils letzter Einlass; www.royalcollection.org.uk).

Das **Scottish Parliament,** 2004 von Königin Elizabeth II. eingeweiht, ist ein interessanter, jedoch umstrittener Bau (Führungen bis zu siebenmal tgl. April–Okt. Mo–Fr 10.30–15.30, Nov.–März bis 14.20, ganzjährig Sa/So 10.30–14.30 Uhr, Dauer 1 Std. Eine Vorausbuchung ist unbedingt erforderlich: Tel. 0131/348 52 00; www.scottish.parliament.uk).

Multimedial und anschaulich vermittelt das Edutainment-Center **Our Dynamic Earth** H die Entstehungsgeschichte der Erde (tgl. 10 bis 17.30, Juli/Aug. bis 18 Uhr; www.dynamicearth.co.uk).

Ein grandioser Panoramablick auf Edinburgh und Umgebung ist die Belohnung für den relativ anstrengenden Aufstieg vom Holyrood Park aus auf **Arthur's Seat.**

› Karte S. 48

2

**Edinburgh New Town

Charlotte Square I

Der 1791 von Robert Adam entworfene Platz ist der Inbegriff schottischer Architektur georgianischen Stils. Im **Georgian House** (Nr. 7) ist die typische Einrichtung einer begüterten Familie aus der Entstehungszeit der Gebäude zu sehen (www.nts.org.uk).

Nördlich des Platzes, jenseits der Queen Street, liegt die Erweiterung der New Town aus dem 19. Jh. mit eleganten Plätzen und Wohnhäusern. Die individuelle Bebauung vor allem an **Moray Place** und **Royal Circus** bezeugt das Selbstbewusstsein des damaligen Bürgertums.

Bedeutende Werke des 20. Jhs., z. B. von Picasso, Matisse, deutschen Expressionisten und schottischen Meistern, zeigen die ****Modern Art Galleries** (75 Belford Road, tgl. 10 bis 17 Uhr, Eintritt frei).

Princes Street J

Entlang der Straße mögen die Geschäftsfassaden der Nordseite den Eindruck der georgianischen Architektur verwischen, aber die Parkanlage der **Princes Gardens** südlich mit dem **Scott Monument** und dem steilen Schlossfelsen sind höchst eindrucksvoll.

An der Ecke zur Straße The Mound öffnet sich ein großzügiger Platz. In den beiden von Säulen umgebenen und an antike Tempel erinnernden Bauwerken sind die **Royal Scottish Academy,** in der große Wechselausstellungen stattfinden, und die ****Scottish National Gallery** K untergebracht. Die Gemäldesammlung gehört zu den bedeutendsten in Europa – neben Bildern von Raffael bis Rembrandt hängen hier wichtige Werke schottischer Maler (tgl. 10–17, Do bis 19 Uhr, Eintritt frei).

ÖFFNUNGSZEITEN: Soweit nicht anders angegeben, öffnen die städtischen Museen Mo–Sa 10 bis 17, im Aug. auch So 12–17 Uhr; www.nationalgalleries.org.

*Calton Hill L

Der Hügel bietet einen großartigen Ausblick über die New Town und hinüber zur Burg. Oben stehen das Nelson Monument, das man für £ 3 erklimmen kann, die Gebäude des ehemaligen Königlichen Observatoriums und das nie vollendete National Monument – 1825 als Denkmal zu Ehren Gefallener gedacht, sollte es den Parthenon von Athen imitieren.

Scottish National Portrait Gallery M

In diesem Museum sind alle Porträts der Menschen zu sehen, die untrennbar mit der Geschichte Schottlands verbunden sind – von Maria Stuart bis Sean Connery. (tgl. 10–17, Do bis 19 Uhr, Eintritt frei).

Royal Botanic Garden N

Nördlich des **Water of Leith,** des wichtigsten Wasserlaufs der Stadt, erstreckt sich der botanische Garten (www.rbge.org.uk). Neben dem be-

Erst-! klassig

rühmten viktorianischen Palmenhaus lockt auch das **Inverleith House** Besucher an – ein georgianisches Landhaus von 1774, das für Ausstellungen genutzt wird. Das **Terrace Cafe** bietet wunderbare Ausblicke von der Terrasse.

Außerhalb des Zentrums

Die Gegend um **Leith,** Edinburghs Hafen im Nordosten der Stadt, ist in Mode gekommen. The Shore, das Ufer des Water of Leith, säumen einladende Restaurants und Pubs. Im Einkaufszentrum **Ocean Terminal** liegt die königliche Jacht **Britannia** als Museumsschiff vor Anker (April–Okt. tgl. 9.30–16, Juli–Sept. bis 16.30 Nov.–März 10–15.30 Uhr, stets letzter Einlass; www.royalyachtbritannia.co.uk).

Der **Edinburgh Zoo** gilt als besonders gelungene und kinderfreundliche Anlage. Berühmt ist die Pinguinparade um 14.15 Uhr (Corstorphine Road/A8; April–Sept. tgl. 9–18 Uhr, Okt., März bis 17, Nov. bis Febr. bis 16.30 Uhr; www.edinburghzoo.org.uk).

Erst-! klassig

Info

Edinburgh Information Centre

Unterkunftsnachweis, Karten, Stadtführer (auch auf Deutsch), Veranstaltungstipps, Ausflüge, Pässe für Sehenswürdigkeiten etc.

- 3 Princes St. (direkt am Hbf.)
- Edinburgh | EH2 2QP
- Tel. 0845/225 5121
- www.edinburgh.org

Pinguinparade im Edinburgh Zoo

Stadtverkehr

- **Lothian Buses:** Tagesticket £ 3,50, www.lothianbuses.com.
- Im Juli 2014 wird eine moderne **Tram,** die u. a. vom Flughafen teilweise durch die Innenstadt zum St. Andrew Square verläuft, den Betrieb aufnehmen, www.edinburghtrams.com.

Hotels

The Four Sisters Boatel ●●●

Luxuriös ausgestattetes Hausboot, unweit der Innenstadt am Union Canal gelegen.

Erst-! klassig

- Fountain Bridge | EH3 9N
- Tel. 0131/336 4057
- www.thefoursisters.co.uk

Six Brunton Place ●●●

Eines der besten B & B der Stadt. Besonders schön ist der Garden Room.

- 6 Brunton Place | EH7 5EG
- Tel. 0131/662 0042
- www.sixbruntonplace.com

› Karte S. 48

Ten Hill Place ●●
Elegantes Townhouse in Universitätsnähe, mit kleinem Café.
- 10 Hill Place | EH8 9DS
- Tel. 0131/662 2080
- www.tenhillplace.com

Edinburgh Central Youth Hostel ●
Modernes Hostel mit Topservice; Einzel-, Doppel- und Familienzimmer.
- 9 Haddington Place | EH7 4AL
- Tel. 0131/524 2090
- www.syha.org.uk

Restaurants

The Balmoral ●●●
Erst-! klassig
Erste Adresse für einen traditionellen Afternoon Tea mit Champagner, Sandwiches und Scones.
- 1 Princes Street | EH2 2E
- Tel. 0131/556 2414

The Witchery ●●●
Schottische Spezialitäten und Spukeinlagen direkt unterhalb des Schlosses. Sehr romantische Zimmer.
- Castlehill | EH1 2NF
- Tel. 0131/225 5613
- www.thewitchery.com

Kalpna ●●
Inder mit fantasievoll zubereiteten vegetarischen und veganen Köstlichkeiten.
- 2–3 St. Patrick Square | EH8 9EZ
- Tel. 0131/667 9890
- www.kalpnarestaurant.com

Henderson's ●
Erst-! klassig
Eines der ältesten vegetarischen Restaurants in Großbritannien.
- 94 Hanover Street | EH2 1DR
- Tel. 0131/225 2131
- www.hendersonsofedinburgh.co.uk

Pubs

The Bow Bar
Pub mit hervorragender Bier- und Whisky-Auswahl.
- Victoria Street/80 West Bow

Royal Oak
Pub mit schottischer Livemusik und Ausgangspunkt für Inspektor-Rebus-Touren.
- 1 Infirmary Street
- www.royal-oak-folk.com

Shopping

Jenners
Edinburghs Nobelkaufhaus: Schottisches vom Tweed bis zur Marmelade.
- 48 Princes Street

Bagpipes Galore
Neue und gebrauchte Dudelsäcke, auch für Anfänger, und Noten dazu.
- 20 Haymarket Terrace
- www.bagpipe.co.uk

Anta Scotland Ltd.
Alles Erdenkliche mit Tartanmuster, vom Vorhangstoff bis zum Essgeschirr.
- 119 George Street
- www.anta.co.uk

Nightlife

Traverse Theatre
Theater mit sehr beliebter Bar.
- Cambridge Street
- www.traverse.co.uk

Festivals und Events

Neben den großen Kulturfestivals stehen u.a. das **International Harp Festival** und das **International Science Festival** (beide April), der **Edinburgh Marathon** (Mai) und die **Royal Highland Show** (Juni) auf dem Programm.

SPECIAL

Jeden Sommer Festival

Jeden Sommer wird Edinburgh zum Schauplatz des weltgrößten Kulturfestivals. Kenner erzählen von dem immerwährenden Gefühl, man könne gleich um die nächste Ecke eine noch aufregendere Veranstaltung verpassen. Das stimmt auch meistens, und es gehört zum Spaß des Festivals, sich zu einem bis dato nicht geplanten Besuch einer weiteren Matinee oder eines Spätkonzerts verführen zu lassen.

Im Kulturrausch

Edinburgh veranstaltet keineswegs ein einziges großes Fest. Im Sommer locken alljährlich gleich sechs wichtige Festivals: Neben dem eigentlichen **International Festival** (2014: 8.–31. Aug.; 2015: 14. Aug. bis 6. Sept.), das inzwischen über 170 Vorstellungen international führender Theater-, Opern-, Tanz- und Musikensembles anbietet, gehören dazu das **Festival Fringe** (2014: 1.–25. Aug.), das **Edinburgh Jazz and Blues Festival** (2014: 18. bis 27. Juli), das **International Book Festival** (2014: 9.–25. Aug.) mit Lesungen, literarischen Symposien und Autorenworkshops, das **International Film Festival** (2014: 18. bis 29. Juni) – es gilt heute als wichtigstes Filmfestival Großbritanniens – und das Musikfestival **Edinburgh Military Tattoo,** das seit 1950 auf der Esplanade vor dem Castle stattfindet. Vom 1. bis zum 23. August 2014 ertönen dort *pipes and drums* und andere musikalische Darbietungen – keineswegs mehr nur militärischer Natur.

Bild oben: Edinburgh Military Tattoo

Komödianten auf dem Festival Fringe

Das Festival Fringe

Ursprünglich ein Anhängsel des International Festival mit Auftrittsmöglichkeiten für freie Theatergruppen, hat sich das Edinburgh Festival Fringe inzwischen zur eigenständigen Attraktion gemausert. Das Programm wächst stetig: Im Jahr 2013 umfasste es 45 464 Aufführungen von über 24 100 Künstlern an 273 Spielstätten (6,5 % mehr als 2012) – vom Jongleur und Pantomimen bis hin zur vielköpfigen Theatergruppe. Beim Fringe treten alle Akteure kostenlos auf, freuen sich aber über einen Obolus der Zuschauer.

Ein ganz besonderes Abenteuer

Auch wenn die Stadt im August voller als sonst ist, findet sich immer noch ein nettes B & B, ein Platz an der Pubtheke oder in einem der vielen Restaurants. Und selbst Tickets für interessante Veranstaltungen sind noch zu ergattern – allein die außergewöhnliche Atmosphäre lohnt den Besuch. Die Museen und Kunstgalerien bieten zudem meist Sonderausstellungen und sind länger geöffnet (www.nationalgalleries.org und www.cac.org.uk).

Wichtige Festivaladressen

- **Edinburgh International Festival**
  Tel. 0131/473 2000
  www.eif.co.uk
- **The Hub**
  The Hub ist das Zentrum der Festspiele, neben Kartenvorverkauf und Festivalbüros gibt es auch ein Café.
  Castlehill
  www.thehub-edinburgh.com
- **The Edinburgh Festival Fringe**
  Tel. 0131/226 0026
  www.edfringe.com
- **Edinburgh Jazz and Blues Festival**
  Tel. 0131/467 5200
  Tickethotline: 0131/473 2000
  www.edinburghjazzfestival.co.uk
- **Edinburgh International Book Festival**
  Tel. 0845/373 5888
  www.edbookfest.co.uk
- **Edinburgh International Film Festival**
  Tel. 0131/228 4051
  Tickethotline: 228 2688
  www.edfilmfest.org.uk
- **Edinburgh Military Tattoo**
  Tel. 0131/225 1188
  www.edintattoo.co.uk

Über alle Festivals rund ums Jahr informiert die Website www.edinburghfestivals.co.uk.

Unterwegs in **Glasgow

Im Zentrum

Der viktorianisch geprägte **George Square** Ⓐ mit seinen vielen Statuen zeugt von Glasgows verblichener Blütezeit: Neben der alles überragenden Figur von Sir Walter Scott auf seiner 24 m hohen Säule findet man (u.a.) Bildnisse des Dichters Robert Burns, des Publizisten Thomas Campbell, des Ingenieurs James Watt – und natürlich auch von Queen Victoria und Prinz Albert. Die gesamte Ostseite des Platzes nehmen die monumentalen ***City Chambers** ein, die das Flair italienischer Renaissance vermitteln. Die Fassaden sind bewusst unterschiedlich in Anlehnung an venezianische und römische Vorbilder gehalten Tickethotline: 228 2688 (nur 45-minütige Führungen Mo bis Fr 10.30 und 14.30 Uhr).

Um Buchanan Street Ⓑ

Die Geschäfte auf der z.T. als Fußgängerzone angelegten Buchanan Street machen Glasgow zum Shoppingparadies. Einen kulturellen Akzent setzt die in einem neoklassizistischen Gebäude untergebrachte ***Gallery of Modern Art** (Queen St.) mit innovativen Ausstellungen junger schottischer Kunst.

Shopping

- Neben dem Kaufhaus **Frasers,** dem Shoppingcenter **Buchanan Galleries** und dem Kiltausstatter **Hector Russell – RG Lawrie** vereint das Einkaufszentrum **Princes Square** elegante und trendige Läden.
- Am Südende der Straße trifft man auf die 1827 erbaute **Argyll Arcade** mit ihren Juweliergeschäften.
- Jenseits der Argyle Street liegt das **St. Enoch Shopping Centre**.

George Square, Glasgow

- Die schmalen Straßen östlich des St. Enoch Shopping Centre (Parnie Street, King Street) bilden ein kompaktes Viertel voller **Kunstgalerien, Kramläden** und **Antiquariate**.

Glasgow Green C

Entlang dem Clyde-Ufer kann man vorbei am ehemaligen Fischmarkt bis hin zum Glasgow Green schlendern. Der Park diente im 18. Jh. als Weide und den Baumwollfärbern zum Auslegen und Trocknen ihrer Tuche, ehe er ab 1817 in die heutige Grünanlage umgestaltet wurde.

Mitten im Park erhebt sich der **People's Palace.** 1893 bis 1898 »für die Erholung und Bildung der Bevölkerung des Glasgower East End« erbaut, beherbergt er heute Sammlungen und Ausstellungen zur Sozialgeschichte der Stadt – der Kampf um Frauenwahlrecht und Gleichberechtigung, die Arbeiterbewegung, der Alltag während der Weltkriege, Glasgow Style, Punk. Beliebt ist das Café im angeschlossenen riesigen **Wintergarten** aus Gusseisen und Glas.

Shopping

Nördlich des Parks, zwischen London Road und Gallowgate, liegt Schottlands größter Flohmarkt: **The Barras Market**, eine Glasgower Institution, nimmt das ganze Viertel ein. Sa/So 10–17 Uhr.

Rings um die Kathedrale

Der Anblick der schönen ****Glasgow Cathedral** D aus der Zeit der englischen Frühgotik des 13. Jhs. am oberen Ende der High Street wird durch den benachbarten riesigen Krankenhauskomplex des Royal Infirmary etwas getrübt. In der Krypta der Kathedrale, der bedeutendsten schottischen Kirche dieser Zeit, finden sich Reste noch älterer Sakralbauten (April–Sept. 9.30 bis 17.30, So ab 13, Okt.–März nur bis 16.30 Uhr).

Die nach dem Vorbild des Pariser Friedhofs Père Lachaise angelegte

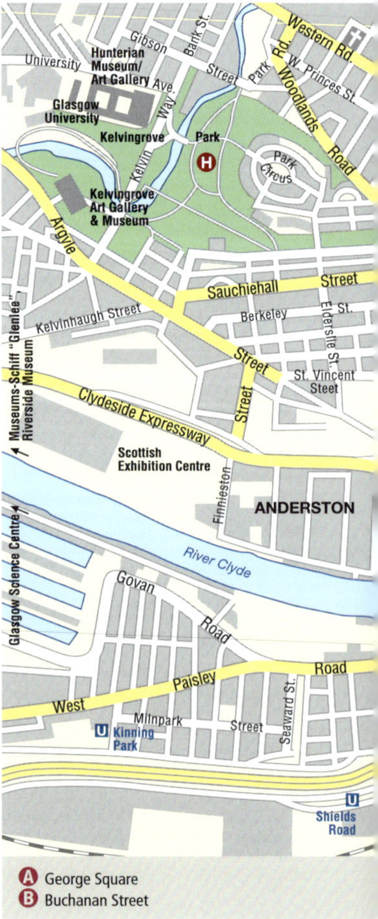

Necropolis Ⓔ auf dem Hügel hinter der Kathedrale ist eine wahre Totenstadt aus grauem, im schmuckverliebten Stil des 19. Jhs. bearbeitetem Stein.

Provand's Lordship Ⓕ gegenüber der Kirche, ein 1471 errichtetes Pfarrhaus und ältestes Haus in Glasgow, dient heute als stadthistorisches Museum.

Auf den Spuren von Mackintosh

Der Name des 1868 geborenen Charles Rennie Mackintosh, führender Architekt und Designer des europäischen Art nouveau, ist untrennbar mit Glasgow verbunden. Die von ihm in Lila und Silber gestalteten **Willow Tea Rooms** (217 Sauchiehall St.) bieten ein einzigar-

Ⓒ Glasgow Green
Ⓓ Glasgow Cathedral
Ⓔ Necropolis
Ⓕ Provand's Lordship
Ⓖ Glasgow School of Art
Ⓗ Kelvingrove Park

Kelvingrove Art Gallery and Museum

Erst-! klassig

tiges Ambiente für einen köstlichen Afternoon Tea.

In der Renfrew Street steht sein Hauptwerk, die ****Glasgow School of Art** G. An der älteren Ostseite des Baus sind Elemente wuchtiger schottischer Burgenarchitektur zu erkennen. Die Längsfassade mit dem Haupteingang macht einen vergleichsweise aufgelockerten Eindruck, der 1907 entworfene Westflügel wirkt sehr modern. Die atemberaubende Bibliothek beweist auch Mackintoshs Können als Innenarchitekt. (Touren April–Sept. tgl. 10, 11, 12, 14, 15, 16 und 17 Uhr, Okt. bis März tgl. 11, 13 und 15 Uhr.)

Am Kelvingrove Park H

Am Rand des Parks wohnten Mitte des 19. Jhs. die tonangebenden Glasgower Familien, die sich hierher ihren Kunsttempel setzten: ****Kelvingrove Art Gallery and Museum**, das meistbesuchte Museum in Schottland. Die gut verständliche, thematische Präsentation spricht jeden an, Kinder interessieren sich v. a. für das Ceratosaurier-Skelett. »Mackintosh and the Glasgow Style« bildet einen weiteren Schwerpunkt. Highlights sind auch Salvador Dalís »Christ of St John of the Cross« und die im West Court schwebende Spitfire.

Folgt man der Straße Kelvin Way nordwärts durch den Park, gelangt man auf den viktorianischen Campus der **University of Glasgow.** Zur

SEITENBLICK

Mackintosh-Trail-Ticket

Das Ticket gewährt für einen Tag freie Benutzung von U-Bahn und Bussen sowie kostenlosen Eintritt in alle Mackintosh-Gebäude, mit Ausnahme der Glasgow School of Art. Erhältlich ist das Ticket zum Preis von £ 10 beim Information Centre, den teilnehmenden Sehenswürdigkeiten und den SPT Travel Centres; www.crmsociety.com.

Uni gehört auch das **Hunterian Museum,** das sich aus den Kuriositäten-, Fossilien- und Münzsammlungen von William Hunter begründet. Auch die Gemälde- und Grafiksammlung der ***Hunterian Art Gallery** geht auf Hunter zurück und zeigt u. a. Werke von Whistler, Gauguin, Cézanne, Picasso, Kandinsky und Warhol (Di–Sa 10–17, So 11–16 Uhr, Eintritt frei).

Am River Clyde

Ähnlich wie London die Themse hat Glasgow den Clyde als Teil seiner Identität wiederentdeckt. Gleich westlich des Exhibition Centre ankert der 1896 am Ort erbaute Frachtsegler **Glenlee** als Museumsschiff »The Tall Ship« im Hafen (tgl. März–Okt. 10–17, Nov.–Febr. 10 bis 16 Uhr). Gleich nebenan befindet sich das imposante **Riverside Museum,** das die Sammlung des ehemaligen Museum of Transport zeigt, darunter viele alte Autos aus schottischer Produktion (Eintritt frei).

Am südlichen Clyde-Ufer vis-à-vis fordert das Millenniumsprojekt **Glasgow Science Centre** zu einer interaktiven Entdeckungsreise durch die Naturwissenschaften auf. Unübersehbar gehört der schwindelerregend hohe, filigrane Glasgow Tower zum futuristischen Komplex mit IMAX-Kino (tgl. 10–17 Uhr, Ende Okt. bis Mitte März Mi–Fr 10–15, Sa/So bis 17 Uhr, www.glasgowsciencecentre.org).

Info

Glasgow Information Centre

- 170 Buchanan Street | G2 2LW
- Tel. 0141/204 4400
- www.peoplemakeglasgow.com

SEITENBLICK

Kunst im Grünen

Für eine alte Industriestadt verfügt Glasgow über erstaunlich viele Grünflächen, und mancher Park beherbergt schöne Kunst:

So liegen im 147 ha großen Pollok Park südöstlich des Stadtzentrums zwei bedeutende Museen. Die ****Burrell Collection** in ihrem preisgekrönten modernen Gebäude beherbergt wertvolle Gegenstände aus dem Besitz des Reedereimagnaten Charles Burrell: chinesische Keramik, Antiquitäten aus dem Mittelmeerraum, persische Teppiche und Kunsthandwerk des europäischen Mittelalters (Mo–Do, Sa 10–17, Fr, So 11–17 Uhr). Im ****Pollok House,** dem Herrenhaus der Familie von Mrs. Anne Maxwell Macdonald, ist eine Sammlung exquisiter Gemälde, u. a. von El Greco, Murillo und Goya zu bewundern (tgl. 10–17 Uhr).

Ein Höhepunkt des Mackintosh Trail ist das ***House for an Art Lover,** erst 1996 nach Plänen des Jugendstilmeisters aus dem Jahr 1901 erbaut. In dem bis ins Letzte durchgestylten Wohnhaus wird der Anteil von Mackintoshs Frau Margaret an dem Werk besonders deutlich (10 Dumbreck Road, G41 5BW, Tel. 0141/353 4770; April–Sept. Mo–Mi 10–16, Do–So 10–13 Uhr; Öffnungszeiten Okt.–März telefonisch erfragen, www.houseforanartlover.co.uk).

Über die **Museen** der Stadt informiert www.glasgowlife.org.uk. Reguläre Öffnungszeiten sind Mo–Do, Sa 10–17, Fr, So 11–17 Uhr.

Stadtverkehr

Neben den lizenzierten **Taxis** und orangefarbenen städtischen **Bussen** gibt es eine **Ring-U-Bahn** an der Peripherie der Innenstadt. Genauere Infos im **Travel Centre St. Enoch Square**.

Hotels

Hotel du Vin Glasgow ●●●
Schickes Haus, das schon zahlreiche Auszeichnungen eingeheimst hat. In jeder Hinsicht hohes Niveau.
- 1 Devonshire Gdns. | G12 0UX
- Tel. 0871/943 0345
- www.hotelduvin.com

15 Woodside ●●●
Nobles B & B Boutique Hotel in einem makellos renovierten viktorianischen Townhouse von 1834, mit besonders großen eleganten Zimmern.
- 15 Woodside | G3 7QL
- Tel. 0141/332 1263
- www.15glasgow.com

Zimmer im Hotel du Vin Glasgow

The Brunswick Hotel ●●
Zentral gelegenes Hotel mit minimalistischem Design und kühnen Farben, ideal für Nachtschwärmer.
- 106–108 Brunswick St. | G1 1TF
- Tel. 0141/552 0001
- www.brunswickhotel.co.uk

Glasgow Youth Hotel ●
Die am Kelvingrove Park gelegene Jugendherberge in einer viktorianischen Reihenhausvilla hat 4- und 6-Bett-Zimmer sowie Familienzimmer.
- 8 Park Terrace | G3 6BY
- Tel. 0141/332 3004
- www.syha.org

Restaurants

Stravaigin ●●●
Toprestaurant, aber nicht hochgestochen; Varianten schottisch-kontinentaler Küche.
- 28 Gibson St. | G12 8NX
- Tel. 0141/334 2665

Café Gandolfi ●●
Café-Bistro-Klassiker vom Frühstück bis zum Abendmenü. Deko mit Buntglasfenstern und Holztäfelung.
- 64 Albion St. | G1 1NY
- Tel. 0141/552 6813
- www.cafegandolfi.com

Pubs

- Gute Pubs und Esslokale (teils unter einem Dach, viele mit Livemusik) findet man im Stadtteil **West End**, insbesondere in in der **Woodlands Road**, der **Byres Road** und der **Ashton Lane.**
- Aus den unzähligen Pubs Glasgows herausgegriffen sei das **Blackfriars** (36 Bell St.), eine Kneipe mit allem,

› Karte S. 66

was man von einem guten Pub erwartet: Livemusik, Livecomedy, anständiges Essen und gutes Bier.

- Auch im **Babbity Bowster** (16 Blackfriars Street) geht es sehr fröhlich zu.

Nightlife

Tron Theatre
Höchst angesehenes Sprechtheater, dessen Restaurant einen extra Familienbereich und gutes Essen bietet (●●); auch nette Theaterbars. Tgl. ab 10 Uhr.

- 63 Trongate | G1 5HB
- www.tron.co.uk

Ausflüge ab Glasgow

*Loch Lomond and the Trossachs National Park

Erst-klassig

Die romantische Berg- und Seenlandschaft der Trossachs, Schottlands erstem Nationalpark, liegen vor Glasgows Haustür. Mit Bus und Bahn ist man in einer Stunde in der Natur. Tor zum Park ist der moderne Großkomplex **Loch Lomond Shores** in Balloch am Südende des Sees (www.lochlomondshores.com). Das beliebte Ausflugsziel umfasst Besucherzentrum, Einkaufspassage und das **Loch Lomond Aquarium.** Otter, Haie, Rochen & Co. lernt man u.a. in dem spektakulären Unterwassertunnel kennen (tgl. 10–16 Uhr/ letzter Eintritt).

Info

Loch Lomond and The Trossachs National Park

- Loch Lomond Shores | Balloch
- Tel. 01389/722 600
- www.lochlomond-trossachs.org
- www.visitscottishheartlands.com

Hotel

Fascadail House ●●
Das kürzliche renovierte B&B in einem historischen Gebäude wartet mit schottischem Charme im malerischen Örtchen Arrochar auf.

- Arrochar
- Dunbartonshire | G83 7AB
- Tel. 01301/702 344
- www.fascadail.com

Aktivitäten

- Für Aktive gibt es ein breites Angebot: **Lehrpfade, Wanderwege** ebenso wie **Bootsrundfahrten** (www.lochlomond-scotland.com) und **Rundflüge mit dem Propellerflugzeug** (www.lochlomondseaplanes.com).
- Wer das Naturerlebnis sucht, findet unter www.canyouexperience.com geführte **Touren mit Kanu, Mountainbike oder zu Fuß** sowie einen Ausrüstungsverleih und Powerkite-Kurse.
- Die **Nationalparkranger** bieten kostenlose Ausflüge zu Naturthemen und geben Tipps für Unternehmungen.

Arran und Bute

Auch die Hebrideninseln Arran (www.visitarran.net) und Bute (www.visitbute.com) sind geschätzte Ausflugsziele der Glaswegians, bequem mit Bahn, Bus und Schiff zu erreichen.

Die Hauptorte, **Brodick** auf Arran und **Rothesay** auf Bute, und die beliebten Küsten sind an Wochenenden und in den Sommerferien sehr gut besucht, aber die wahrhaft schöne Landschaft entschädigt für Warteschlangen am Fährhafen und die endlosen Ferienhaussiedlungen.

Der Süden

Das Beste!

- Feine Kaschmirartikel günstig in Hawick kaufen › S. 71
- Spaß für Kinder und Genuss für Erwachsene im Landsitz Bowhill › S. 70
- Ein ausgedehnter Spaziergang zu Scott's View › S. 70
- Ein Bier im Globe Inn in Dumfries – Robert Burns' Lieblingspub › S. 73
- Die Rhinns of Galloway – zwei Gärten und zwei Leuchttürme › S. 76

› Karte
S. 66

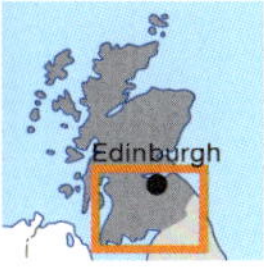

Burgen und Abteiruinen prägen die Borders-Region an der Grenze zu England, große Dichter und Kunstsammler haben ihre Spuren hinterlassen. Gleichzeitig ist die sanfte Hügellandschaft Südschottlands ein Paradies für Wanderer und Radfahrer.

Radikale landschaftliche Veränderungen werden Reisende vermissen, wenn sie von England nach Südschottland fahren. Die sanfte Hügellandschaft, die sie empfängt, wandelt sich erst nach Westen hin, in der Region Dumfries & Galloway. Den östlichen Teil Südschottlands nimmt die Borders-Region ein, das Grenzgebiet zu England.

Unzählige Festungs- und Abteiruinen zeugen von den Auseinandersetzungen zwischen Engländern und Schotten in früheren Zeiten. Um 1800 aber trugen sie ganz wesentlich zur romantischen Inspiration von zwei der berühmtesten schottischen Dichter bei. Beide ließen sich im Süden Schottlands nieder – Robert Burns verbrachte seine ersten Lebensjahre in und um Ayr, seine letzten in Dumfries. Bei Melrose in den Borders lebte der Schriftsteller Sir Walter Scott, der mit Werken wie »Ivanhoe« oder »Rob Roy« zu Weltruhm gelangte.

Der Süden Schottlands ist bei Besuchern weniger bekannt, denn sie verkennen oft die Schönheit der Landschaft. Doch wer sich für die Region Zeit nimmt, etwa bei Radtouren oder ausgedehnten Spaziergängen, dem erschließt sich der Landstrich mit seinen Schätzen.

Tour in der Region

Tour 5 Abteiruinen und die Hügel der Lammermuirs

Tour Übersicht:

Verlauf: **Melrose › Selkirk › Hawick › Jedburgh › Dryburgh › Melrose › Duns › Kelso › Melrose**

Dauer: 2 Tage

Praktische Hinweise:

- Für die Borders und die Region Dumfries & Galloway bietet Historic Scotland jeweils einen Regional Explorer Pass an, mit dem man freien Eintritt zu vielen Sehenswürdigkeiten erhält. Informationen unter www.historic-scotland.gov.uk.

Tour-Start:

Ausgangspunkt der Tour ist die Borders-Stadt **Melrose** › **S. 69**, die hauptsächlich für ihre ****Abteiruine**

Sweetheart Abbey

Touren im Süden

Tour 4 Ein verlängertes Wochenende der Kontraste › S. 45 Edinburgh › Glasgow

Tour 5 Abteiruinen und die Hügel der Lammermuirs

Melrose › Selkirk › Hawick › Jedburgh › Dryburgh › Melrose › Duns › Kelso › Melrose

aus dem 12. Jh. bekannt ist. Neben ihr befindet sich der ummauerte **Priorwood Garden,** dessen Apfelblüte besonders im Mai Besucher lockt.

Von Melrose aus führt die Route zuerst in westlicher Richtung, wo etwas abseits der A 7 der prunkvolle Landsitz ***Abbotsford House** › S. 69 steht. Sir Walter Scott kam 1812 hierher und ließ das jetzige Haus ab 1817 errichten. Der Garten der Anlage lädt zum Verweilen ein. Weiter geht es Richtung Süden auf der A 7 in das gemütliche Städtchen **Selkirk** › S. 70, auf dessen Marktplatz eine Statue von Scott zu bewundern ist. Der Dichter hatte damals dort das Amt des Sheriffs (Richters) inne.

Selkirk ist Ausgangpunkt für einen Abstecher zum viktorianischen Prachtschloss **Bowhill** › S. 70, das mit seinem riesigen Landschaftspark inklusive Abenteuerspielplatz ein Ausflugsziel für Familien ist. Im Schloss sind Bilder von Canaletto, Raeburn und Gainsborough sowie wertvolle Möbel und Porzellan aus Meißen zu bewunden. In südlicher Richtung geht die Tour weiter in die lebendige Textilstadt **Hawick** › S. 71, wo man sich mit ausgezeichneten Kaschmirwaren zu Fabrikpreisen eindecken kann. Die Rückfahrt in Richtung Melrose führt zuerst nach **Jedburgh** › S. 71, dessen beeindruckende ***Abteiruine** vom Ende des 12 Jhs. bis auf das fehlende Dach noch fast vollkommen intakt ist. Von der kurz vor Melrose am Tweed gelegenen ***Dryburgh Abbey** › S. 71, die mehrmals niedergebrannt wurde, sind hingegen nur noch die Ruinen und der Friedhof zu besichtigen. In Melrose ist es Zeit, die vielfältigen Eindrücke in Ruhe im Hotel noch einmal Revue passieren zu lassen.

Frisch gestärkt begibt man sich am nächsten Morgen zum knapp 9 km östlich von Melrose gelegenen ***Scott's View** › S. 70. An seinem Lieblingsaussichtspunkt ließ sich der Dichter Sir Walter Scott oft für seine Werke inspirieren. Hat man den grandiosen Ausblick genossen, geht es weiter entlang den Lammermuir Hills in Richtung Nordsee. Wer ein bisschen Zeit hat, sollte in die stillen Nebenstraßen abbiegen, die durch enge Talsohlen zwischen Hochmoorhügeln führen. Am Südrand des Örtchens Duns steht ***Manderston House** › S. 71, das zu den schönsten edwardianischen Landhäusern zählt. Nach der Besichtigung und einem Gang durch den für seine Rhododendronpracht berühmten Garten geht es zurück gen Westen. Vielleicht hat man Zeit für einen ausgedehnten Spaziergang über die Heidelandschaft der Lammermuirs, bevor in **Kelso** › S. 71 ein von georgianischen Häusern umstandener malerischer Marktplatz und die Ruine der 1128 gegründeten Abtei zu bewundern sind.

Von Kelso führt ein beschaulicher halbstündiger Spaziergang zu **Floors Castle** › S. 71, dem angeblich größten noch bewohnten Schloss in Schottland. Das frühgeorgianische Herrenhaus von 1721 mit weitläufigem Park wurde Mitte des 19. Jhs. mit Türmchen und Zinnen aus der Tudorzeit verziert. Die Tour endet wieder in Melrose.

Unterwegs im Süden

4 Melrose 1

Die Stadt ist im Wesentlichen für ihre **Abteiruine** mit schönen Steinmetzarbeiten bekannt, darunter filigrane Darstellungen der schottischen Distel. Neben der 1136 als Zisterzienserkloster gegründeten Anlage in romantischer Umgebung liegt Priorwood Garden. Hinter hohen Mauern verbirgt sich hier ein wunderbarer Garten, der auf Blumen und Pflanzen zum Trocknen und Pressen ausgerichtet ist; im Laden wird selbst gemachtes Apfelgelee verkauft, denn im Obstgarten gedeihen v.a. alte Sorten. (Abtei: April–Sept. tgl. 9.30–17.30 Uhr, Okt.–März tgl. 9.30–16.30 Uhr. Garten und Shop: Ostern bis Weihnachten Mo–Sa 10–17, So 13 bis 17 Uhr).

Erst-klassig

Hotels

Burts Hotel ●●●
Schmucke Zimmer, gemütlicher Pub und ein sehr gutes Restaurant.
- Market Square | TD6 9PN
- Tel. 01896/822 285
- www.burtshotel.co.uk

The Old Bank House ●
Nettes B & B im Zentrum von Melrose mit induviduellen Zimmern.
- 27 Buccleuch Street | TD6 9LB
- Tel. 01896/823 712
- www.oldbankhousemelrose.co.uk

Ausflüge ab Melrose

*Abbotsford House 2

Sir Walter Scott ließ den Landsitz etwas westlich von Melrose nach eigenen Plänen bauen und verbrachte hier die letzten 20 Jahre seines

Melrose Abbey

› Karte S. 66

Lebens. Romantisch wirkt das unverändert erhaltene Haus – vom pseudomittelalterlichen Gepränge an den Wänden der Eingangshalle bis zur Bibliothek mit vielen wertvollen Bänden aus Scotts Sammlung. Man kann sich gut vorstellen, wie Scott dort und im Studierzimmer arbeitete. In Abbotsford entstanden z.B. die Romane »Waverley«, »Ivanhoe« und »Rob Roy«, oft in großer Eile – Scot bezahlte seinen Ehrgeiz, als Landedelmann zu gelten, mit ständiger Geldnot. Nach umfangreichen Renovierungsarbeiten ist das Gebäude wieder zugänglich (April–Sept. tgl. 10–17, Okt. bis März bis 16 Uhr; www.scottsabbotsford.co.uk).

*Scott's View

Wenige Kilometer östlich von Melrose bietet der schönste Aussichtspunkt in den Borders auf 181 m Höhe inmitten von duftenden Ginsterbüschen einen zauberhaften Blick auf den Fluss Tweed und die sanfte Wiesenlandschaft. Hier war der Lieblingsplatz von Sir Walter Scott, wo er seinen Blick und die Gedanken weit schweifen lassen konnte.

Den Horizont dominieren die drei Gipfel des rund 420 m hohen Eildon Hill. Über die A 68 und B 6356 bei Bemersyde gelangt man zum Bermersyde House. Dort kann man parken und den kurzen Aufstieg beginnen.

Selkirk 3

Auch in dem netten Städtchen, gut 10 km südlich von Melrose, stößt man auf das Andenken von Sir Walter Scott. Seine Statue steht prominent auf dem Marktplatz vor **Sir Walter Scott's Courtroom**. In dem ehemaligen Rathaus und Gerichtsgebäude sprach der Schriftsteller seinerzeit als Sheriff Recht (März bis Sept. Mo–Fr 10–16, Sa 11 bis 15 Uhr, Mai–Aug. Mo–Sa 11–15, Okt. 12–15 Uhr).

Bowhill 4

Gleichermaßen Vergnügen für Kinder und Genuss für Kunstfreunde jeden Alters bietet der Landsitz Bowhill. Das Anwesen aus dem 18. Jh. ist eines der vielen Besitztümer der Herzöge von Buccleuch, die als reichste Grundbesitzer Schottlands gelten. Neben der berühmten Sammlung von Porträtminiaturen sind bedeutende Gemälde von Raeburn, Gainsborough, Canaletto, da Vinci u.v.a. zu besichtigen, dazu Louis-quinze-Stühle, Meißener Porzellan, handbemalte chinesische Tapeten aus dem 18. Jh. und viele Kostbarkeiten mehr.

Sollte bei soviel Prunk Langeweile aufkommen, bieten ein Abenteuerspielplatz mit wunderbaren Baumhäusern, ein Reitstall, Mietfahrräder, Spazierwege zum nahen Loch und zur romantischen Ruine von Newark Castle sowie das Bowhill Little Theatre viel Abwechslung. Oder man genießt eine Erfrischung im Tea Room (16 km von Melrose über A 7 und A 708; Führungen im Haus Juli tgl. 13 bis 15.30, Aug. bis 14.30 Uhr; Außenanlagen April–Sept. tgl. 10–17 Uhr; www.bowhill.org).

Hawick 5

Die Stadt ist Zentrum der schottischen Wollindustrie und lockt mit zahlreichen »Factory Shops«. Lambswool und Kaschmirwaren kann man hier zu ermäßigten Preisen einkaufen.

Erst-klassig

Als Geheimtipp gilt der malerische **Wilton Lodge Park** mit seinen Alleen, Wasserfällen, formalen Gärten und einem Museum.

Shopping

Günstige Textilien gibt es z. B. bei **Hawick Cashmere Co.,** Arthur Street; **Wiltonburn Country Cashmeres,** Wiltonburn Farm (an der A 7); **White of Hawick,** Victoria Road.

Kelso 6 und Floors Castle

Das für die Borders typische Städtchen **Kelso** schmückt sich mit einem stattlichen Marktplatz. Berühmt ist die **Abtei,** die als Ruine neben der heutigen Pfarrkirche besichtigt werden kann. Kelso Abbey muss einst ein majestätischer normannischer Bau gewesen sein.

Floors Castle diente den Herzögen von Roxburghe als prunkvoller Landsitz. Das Haus, 1721 von William Adam begonnen und im 19. Jh. erheblich erweitert, gilt als größtes bewohntes Schloss in Schottland und wurde weltbekannt, als es 1984 im Hollywoodfilm »Greystoke« als Tarzans englisches (!) Schloss fungierte. Der Ausblick über den Tweed ist wundervoll (3 km nordwestlich von Kelso; Mai–Okt. tgl. 10.30–17 Uhr; www.roxburghe.net).

Hotel/Restaurant

Roxburghe Hotel ●●●
Der Familie Roxburghe gehört auch das beste Hotelrestaurant weit und breit. Das viktorianische Landhaus mit Golfplatz wirkt höchst eindrucksvoll.

- Heiton, 5 km südlich von Kelso
- Tel. 01573/450 331
- www.roxburghe.net

*Manderston House 7

Das Haus bei Duns am Südrand der Lammermuir Hills wird als einer der schönsten edwardianischen Landsitze vom Beginn des 20. Jhs. angesehen, doch in Wahrheit stammt der strenge Klassizismus seiner Proportionen vom Ende des 18. Jhs. Der Millionär Sir James Miller ließ um 1900 Erweiterungen und Umbauten vornehmen – silberne Treppengeländer, Marmorauskleidungen selbst in den Ställen und

SEITENBLICK

Die **Border Abbeys

Neben den Abteien von **Melrose** › S. 69 und **Kelso** (› links) sind auch die Ruinen in ***Jedburgh** und ***Dryburgh** unbedingt einen Besuch wert. Sie gehören zu den vier großen mittelalterlichen Abteien in den Borders, die alle im 16. Jh. entweder im Zug der Auflösung der Klöster durch Heinrich VIII. oder in den anschließenden Religions- und Erbfolgekriegen zerstört wurden.

weitläufige Dienstbotenquartiere zeugen von unerhörtem Luxus. Die großen Gartenanlagen tragen zum üppigen Gesamteindruck bei – auch hier gibt es vor allem im Mai und Juni herrliche Rhododendren zu bestaunen (Mitte Mai–Sept. Do, So, Haus 13.30–17, Einlass bis 16.15 Uhr, Gärten 11.30 Uhr bis Sonnenuntergang; www.manderston.co.uk).

Peebles 8 und Umgebung

Touristen kommen gern zum Einkaufen oder für einen Cafébesuch in das angenehme Städtchen am Tweed. Für einen Zwischenstopp oder zum Spazierengehen empfehlen sich die **Kailzie Gardens,** der **Dawyck Botanic Garden,** das großartige, am Tweed gelegenen **Neidpath Castle** oder der **Cardrona Forest.**

Der 10 km östlich gelegene Landsitz **Traquair House** 9 hat sich zwischen dem 13. und 18. Jh. vom schlichten Wehrturm zum ausgewachsenen Castle gemausert und bietet heute fürstliche Zimmer (●●●) an. Auch köstliches Bier wird hier gebraut (Tel. 01896/830 323, www.traquair.co.uk).

Der Wasserfall Grey Mare's Tail bei Moffat

Info

Peebles Information Centre

- 23 High Street
- Peebles | EH45 8AG
- Tel. 01721/723 159
- www.peebles-theroyalburgh.info

Hotel

Peebles Hydro ●●●

Klassisches Kurhotel von 1881 mit Niveau. Auch Familienzimmer

- Innerleithen Road | EH45 8LX
- Tel. 01721/720 602
- www.peebleshydro.co.uk

Restaurants

The Sunflower Restaurant ●●

Im preisgekrönten Restaurant legt man Wert auf frische saisonale und lokale Zutaten.

- 4 Bridgegate
- Tel. 01721/722 420
- www.sunflowerrestaurant.co.uk

Rambler's Coffee Shop ●

Beliebtes Café, das Süßes und Kleinigkeiten zu reellen Preisen serviert.

- 1 Old Town
- Tel. 01721/722 217

Moffat 10 und Umgebung

Viele Orte in der Gegend waren bis weit ins 19. Jh. hinein als Heilbäder bekannt, so auch das gut erhaltene ehemalige Badehaus im freundlichen Ort **Moffat** (www.visitmoffat.co.uk). Im **Toffee Shop** an der High Street wird das über Schottlands Grenzen hinaus bekannte Sahnekonfekt Moffat Toffee frisch hergestellt und verkauft, auch in ganzen Barren.

Erst-klassig

Die A 708 von Moffat Richtung Selkirk, die zum Wasserfall **Grey Mare's Tail** 11 und **St. Mary's Loch** führt, ist eine der schönsten Routen der Gegend. Rund um den spektakulären Wasserfall lädt die Natur zu schönen Wanderungen ein. In dem historischen Pub mit Herberge Tibbie Shiels Inn (Tel. 01750/42 231, www.tibbieshiels.com, ●) am Südufer von St. Mary's Loch sollte man unbedingt einkehren.

Erst-klassig

Hotel

Star Hotel ●●
Angeblich das schmalste frei stehende Hotel der Welt bietet 8 Zimmer, die Bar hat über 60 Single Malts zur Auswahl.
- 44 High Street | Moffat | DG10 9EF
- Tel. 01683/220 156
- www.famousstarhotel.com

Dumfries 12

Der größte Ort (43 000 Einw.) im schottischen Südwesten ist das Verwaltungszentrum der Region Dumfries & Galloway. Im Lauf seiner Geschichte wurde es mehrmals zerstört. Heute ist Dumfries Verkehrsknotenpunkt, Einkaufsstadt und eines der Zentren der touristischen Verwertung des Nationaldichters Robert Burns.

Burns verbrachte hier die letzten sechs Jahre seines Lebens, und die Stadt gedenkt seiner mit dem **Burns House**, wo er 1796 starb, dem Mausoleum über seinem Grab im Friedhof von St. Michael, der Statue in der High Street, den Memorabilien in Burns' Lieblingspubs »Globe Inn« und »Hole i' the Wa'« und insbesondere mit dem **Robert Burns Centre** (Mill Road, April–Sept. Mo bis Sa 10–17, So 14–17 Uhr; Okt. bis März Di–Sa 10–13, 14–17 Uhr). Der **Burns Trail** führt zu den Stätten seines Lebens und seiner Werke.

Info

Dumfries Information Centre
- 64 Whitesands | Dumfries | DG1 1RS
- Tel. 01387/253 862
- www.visitdumfriesandgalloway.co.uk

Hotel/Restaurant

Best Western Station Hotel ●●
Gepflegt und preiswert; herzhafte Marktküche im Restaurant.
- 49 Lovers Walk | DG1 1LT
- Tel. 01387/ 254 316
- www.bw-stationhotel.co.uk

Sweetheart Abbey 13

Die Abteiruine im Dorf New Abbey, ca. 10 km südlich von Dumfries, ist nicht so monumental wie Melrose, aber gut erhalten und hübsch gelegen. Der Name geht auf die Stifterin

› Karte S. 66

des Klosters zurück: Die fromme (und reiche) Lady Devorguilla de Balliol wurde hier begraben mit dem Herzen ihres geliebten, aber früh verstorbenen Gatten John, das sie jahrelang bei sich getragen hatte (April–Sept. tgl. 9.30–17.30, Okt. tgl. 9.30–16.30, Nov.–März Sa–Mi 9.30–16.30 Uhr).

Am Solway Firth

Südlich von Dumfries liegt die wunderschöne und nicht allzu überlaufene Küste des Solway Firth, die allerdings einen Haken hat: Keine 50 km weiter südlich, an der nordenglischen Westküste, befindet sich die berüchtigte Atomanlage von Sellafield. Schon mehrfach wurden am Solway Firth Strahlungswerte gemessen, die die zu erwartende natürliche Strahlung um das 60-fache überstiegen – Baden daher nur auf eigene Gefahr.

Die gesamte Küste war früher als Schmugglerparadies berüchtigt, insbesondere weil die Isle of Man in der Irischen See bis 1876 außerhalb der britischen Zollhoheit lag. Eine auf der Insel ansässige Handelsgesellschaft ließ sich im 18. Jh. hier am geschützten Ufer einen Vorratskeller errichten und darüber ein Landhaus bauen – das heutige Balcary Bay Hotel etwas außerhalb des Dorfs Auchencairn (› **Hotels**).

Auf einem Abstecher nach Norden erreicht man in Castle Douglas am Loch Ken das **Galloway Activity Centre** (Tel. 01644/420 626, www.lochken.co.uk). Segeln, Kanufahren und Windsurfen können Kinder und Erwachsene hier lernen, zudem werden auch andere Outdoor Aktivitäten angeboten.

Hotel

Balcary Bay Hotel ●●●
Wer in einem der schönen Zimmer mit Blick auf die Bucht logiert, kann sich die Schmugglerboote vorstellen, die am Strand ihre Fracht entladen. Das Essen ist ebenfalls sündhaft gut.

- Auchencairn
- Castle Douglas | DG7 1QZ
- Tel. 01556/640 217
- www.balcary-bay-hotel.co.uk

*Kirkcudbright 14

Der Name der Stadt wird »körkubrie« ausgesprochen, wer es anders ausspricht, outet sich schnell als Fremder. Kommt man an einem strahlenden Mai- oder Septembertag durch die parkartig begrünte Landschaft in den großzügig angelegten Ort, spürt man vielleicht das Verlangen, hier das eine oder andere Jahr zu verweilen – viele Künstler haben diesem Impuls nachgegeben.

*Cairnholy 15

An der Solway-Küste finden sich viele prähistorische Stätten, Cairnholy ist jedoch etwas Besonderes. Die wohl vor 4000 Jahren im Halbkreis aufgestellten Steinplatten bewachen die schmale Grabkammer von Cairnholy I, vor deren Eingang der Blick weit hinaus übers Meer schweift. Man hat hier bei Ausgrabungen Objekte gefunden, die aus Mittel- und Südeuropa importiert worden sein müssen, darunter Glockenbecher und Teile einer Axt aus

Steinplatten von Cairnholy

Jadeit. Die Felsplatte, mit der die Grabkammer von Cairnholy II abgedeckt ist, dürfte kaum von ein paar Männern unterm Arm hierher getragen worden sein.

Newton Stewart 16 und Umgebung

Newton Stewart empfiehlt sich als Standort für einen Urlaub in der Gegend. Man kann ruhig und gepflegt, aber ohne großen Aufwand nördlich des Orts wohnen.

Nördlich von Newton Stewart liegt das Naturschutzgebiet **Galloway Forest Park** mit Wanderwegen, Wildgehegen sowie naturkundlichen Infozentren, z. B. am Clatteringshaws Loch (Tel. 01671/402 420; www.gallowayforestpark.com).

Hotel/Restaurant

Creebridge House Hotel ●●●

Gemütliches Country House mit preisgekröntem Restaurant und Brasserie; viele Real Ales, gutes Preis-Leistungs-Verhältnis. Golf und Angeln werden arrangiert.

- Newton Stewart | DG8 6NP
- Tel. 01671/402 121
- www.creebridge.co.uk

Wigtown & Whithorn

Die beiden pittoresken Ortschaften schmücken die südliche Halbinsel **The Machars,** dazwischen erstrecken sich schöne Strände und stille Landschaften

Zudem findet man auf der Halbinsel eine Menge vor- und frühgeschichtlicher Stätten: Neben den Wren's Egg- und Torhouse-Steinkreisen sind die Ausgrabungen frühchristlicher, wikingischer und mittelalterlicher Siedlungen in Whithorn interessant.

Hotel

Steam Packet Inn ●●

Uriger Pub am Hafen, mit schlichten Gästezimmern und gutem Essen.

- Harbour Row
- Isle of Whithorn | DG8 8LL
- Tel. 01988/500 334
- www.steampacketinn.biz

Rhinns of Galloway 17

Das geschäftige Städtchen **Stranraer,** wegen seiner Fährverbindung nach Belfast bekannt, ist das Tor zu der stillen, hammerartig geformten Halbinsel mit weiten Sandstränden im Osten und steilen Klippen im Norden. Dank des milden Klimas der Rhinns of Galloway sind hier zwei Gärten entstanden, die zu den schönsten Schottlands zählen.

Erst-! klassig

Eine Pracht sind die Landschaftsgärten an den Ruinen von Castle Kennedy (April–Sept. tgl. 10 bis 17 Uhr; www.castlekennedygardens.co.uk) mit ihren Rhododendren, dem Seelilienteich und dem von Bäumen gesäumten Kanal.

Gewächse aus südlichen Hemisphären und einen Torfmoorgarten mit chinesischen Raritäten zeichnen den **Logan Botanic Garden** aus, einen Ableger des Royal Botanic Garden in Edinburgh (15. März bis 31. Okt. 10–17, Febr. So 10–16 Uhr Schneeglöckchenfest; www.rbge.org.uk/the-gardens/logan).

An der Südspitze Schottlands, am **Mull of Galloway,** kann man an Sommerwochenenden den Leuchtturm an der windgepeitschten Küste besteigen (Juli, Aug. auch Mo).

Erst-! klassig

Prachtvolle Gärten

- Berühmt ist der **Royal Botanic Garden** in Edinburgh für seine alpinen und tropischen Pflanzen. › S. 52
- Viele alte Obstbäume stehen im **Priorwood Garden** in Melrose; aus den Früchten wird feine Marmelade gemacht. › S. 69
- Die Rhododendren und Feuerbüsche in den **Castle Kennedy Gardens** breiten sich am Fuß der Ruinen von Castle Kennedy aus. › S. 76
- Die einzigartige Mischung aus formalen Terrassen in italienischem Stil und der dramatischen Landschaft der Highlands zeichnen **Torosay Castle & Gardens** auf Mull aus. › S. 107
- Im ummauerten Garten von **Inverewe Garden** wachsen chinesischer Rhododendron, Eukalyptus aus Tasmanien und Gänseblümchen aus Neuseeland. › S. 128
- Den Park von Versailles hat sich der Garten von **Dunrobin Castle** zum Vorbild genommen. › S. 134

Hotels

Corsewall Lighthouse Hotel ●●●

Erst-! klassig

Abgeschieden gelegen, lockt das Hotel mit grandiosen Ausblicken auf den Atlantik und einer Vollpension, die Gourmets durchaus gerecht wird.

- Corsewall Point
- Kirkcolm | DG9 0QG
- Tel. 01776/853 220
- www.lighthousehotel.co.uk

North West Castle Hotel ●●●

Gemütliches Haus mit Blick auf den Loch Ryan und abendlicher Pianomusik im preisgekrönten Restaurant.

- Stranraer | DG9 8EH
- Tel. 01776/704 413
- www.northwestcastle.co.uk

Am Firth of Clyde

Die Küstenstraße von Stranraer nordwärts bis Ayr bietet großartige Ausblicke aufs Meer und den 340 m hohen Granitkegel der Insel **Ailsa Craig,** auf die früher unbotmäßige Mönche verbannt wurden. Heute ist sie Vogelschutzgebiet (Bootsausflüge von Girvan: Mark McCrindle, nur mit Voranmeldung, Tel. 01465/713 219, www.ailsacraig.org.uk).

**Culzean Castle 18

Erst-klassig

Schottlands berühmtester Architekt, Robert Adam, schuf 1777 bis 1792 aus einem Turmhaus für die Adelsfamilie Kennedy eine verblüffende Synthese von klassizistischem Herrenhaus und romantischer Burg. So interessant das Äußere von Culzean (»kollehn« gesprochen) auch ist, Adams Genie kommt erst im zentralen Treppenhaus und im Dekor der Innenräume zur vollen Entfaltung. Der im Stil des 18. Jhs. angelegte Park ist einen eigenen Besuch wert (Castle: April–Okt. tgl. 10.30–17, Einlass bis 16 Uhr; Country Park ganzjährig 9.30 Uhr bis zur Abenddämmerung; Visitor Centre im Park, Café und Shop 10–17 Uhr).

Hotel

The Eisenhower at Culzean Castle ●●●
Luxuriöse Unterkunft in einem alten Adelssitz mit sechs Suiten.
- Tel. 01655/884 455
- www.culzeanexperience.org

Ayr 19

Die weiten Sandstrände des größten Badeortes nahe Glasgow wirken gepflegt und scheinen Tausende von Touristen in der Hauptsaison sowie

Culzean Castle in seinem weitläufigen Park

die Wochenend- und Tagesausflügler gut zu verkraften. Neben drei schönen Golfplätzen nennt die Stadt Schottlands berühmteste Pferderennbahn ihr Eigen. Hinzu kommt das Zentrum der Robert-Burns-Verehrung in seinem Geburtsort **Alloway,** heute ein südlicher Vorort von Ayr.

Der gut ausgeschilderte »Burns Heritage Trail« führt zu seinem Geburtshaus (samt Museum) und anderen mit dem Dichter verbunde-

SEITENBLICK

Glasgows Strände

Die Badeorte entlang der Küste zwischen den Rhinns und der Clyde-Mündung verwandeln sich im Sommer in Vororte von Glasgow und eignen sich allesamt zum Studium britischer Freizeitkultur – von dem altmodischen, eher förmlichen **Troon** mit seinen berühmten Golfplätzen bis hin zu den Bingosälen, Spielhallen und Rummelplätzen von **Saltcoats** weiter im Norden.

nen Stätten (Karten und Führungen über das Ayr Information Centre).

Info

Ayr Information Centre

- 22 Sandgate | Ayr | KA7 1BW
- Tel. 01292/290 300
- www.ayrshire-arran.com

Hotels

Brig O'Doon Hotel ●●●

Schönes gepflegtes Haus mit nur fünf Zimmern und herrlichem Garten nahe dem Zentrum des Burns-Kults.

- High Maybole Road
- Alloway | KA7 4PQ
- Tel. 01292/442 466
- www.brigodoonhouse.com

Richmond Guest House ●●

Viktorianisches Reihenhaus mit geschmackvollen Zimmern.

- 38 Park Circus | Ayr | KA7 2DL
- Tel. 01292/265 153
- www.richmond-guest-house.co.uk

Restaurant

The Beresford Wine Bar & Art Gallery ●●

Freundliche moderne Weinbar mit gutem Essen und Kunst an den Wänden.

- 22 Beresford Terrace | Ayr | KA7 2EG
- Tel. 01292/280 820
- www.theberesfordayr.com

*New Lanark und die Falls of Clyde

Südlich des Städtchens Lanark liegt das jetzige Freilichtmuseum **New Lanark** 20. Hier wagten der sozial gesonnene Industrielle David Dale und sein Schwiegersohn Robert Owen um 1800 ein revolutionäres Experiment: Sie wollten den Arbeitern ihrer Baumwollspinnereien menschenwürdige Wohnverhältnisse, Arbeitsbedingungen und Bildungseinrichtungen schaffen. »Als Robert Owen ... den Zehnstundentag wirklich in seine Fabrik zu New-Lanark einführte, ward das als kommunistische Utopie verlacht, ganz so wie seine Verbindung von produktiver Arbeit mit Erziehung der Kinder ...«, schrieb später Karl Marx. Wenn man heute durch die Siedlung aus grauen Steinhäusern spaziert, die zum UNESCO-Weltkulturerbe zählt, wirkt sie geradezu idyllisch (Visitor Centre, April–Okt. tgl. 10–17, Nov.–März tgl. 10 bis 16 Uhr, www.newlanark.org).

Die nahen Wasserfälle **Falls of Clyde** sind ein beliebtes Ausflugsziel, denn die Landschaft könnte einem romantischen Gemälde entsprungen sein: Von den Granitfelsen, über die sich der Fluss ergießt, steigt Gischt zu den Eichen und Birken auf, deren Äste das Wasser überschatten.

Hotel

New Lanark Mill Hotel ●●

Das moderne Hotel entstand in einer alten Mühle im Denkmalkomplex direkt über dem Fluss. Auch edle Ferienwohnungen.

- New Lanark | ML11 9DB
- Tel. 01555/667 200
- www.newlanarkhotel.co.uk

Die Ruinen von Dunnottar Castle südlich von Stonehaven

Der Osten

Das Beste!

- Nostalgiefahrt mit der Strathsprey Steam Railway › S. 89
- Im Walker Shortbread Shop in Aberlour sich mit Süßigkeiten eindecken › S. 81
- Fischadler beobachten im Cairngorms National Park › S. 88
- »Königlich einkaufen« in Ballater › S. 92
- Schwimmen im Meerwasserpool von Stonehaven › S. 92

› Karte S. 83

Schlösser, Golf und Whisky prägen die Region: Balmoral Castle ist Sommersitz der Queen, der »Malt Whisky Trail« lockt in die Region Speyside, und St. Andrews an der Küste der Grafschaft Fife ist so etwas wie die Welthauptstadt des Golfs.

Der Osten Schottlands erstreckt sich vom Firth of Forth nördlich der Hauptstadt Edinburgh über die Grafschaften Fife, Angus und Dundee bis hinauf nach Aberdeenshire im Norden und Perthshire im Westen. Diesen Teil der Highlands prägen unzählige Schlösser und Burgen – manche noch bewohnt –, zahlreiche Whiskybrennereien, deren Produkte Weltruf genießen, und Golfplätze, die zu den interessantesten weltweit zählen. In der Region liegt auch der größte Nationalpark Großbritanniens, der Cairngorms National Park.

Entlang der Nordseeküste reihen sich reizende Fischerdörfer aneinander, die sauberen Bäche und Flüsse zeichnen sich durch ihren Fischreichtum aus. Bei Anglern, Golfern, Wanderern, Wassersportlern und auch Mountainbikern ist dieser Landesteil außerordentlich beliebt. Auf Schloss Balmoral im Tal des River Dee verbringt die königliche Familie sogar ihren Sommerurlaub.

Nördliches Zentrum dieser Region ist Schottlands drittgrößte Stadt Aberdeen. Sie hat ihren Reichtum vor allem den Ölvorkommen vor der Küste zu verdanken. Da die Stadt auch kulturell viel bietet, hat sie sich zur Boomtown mit der geringsten Arbeitslosenquote ganz Großbritanniens entwickelt.

Touren in der Region

Tour 6 Auf Whiskytour durch Speyside

Tour-Übersicht:

Verlauf: Aviemore › Boat of Garten › Grantown on Spey › Aberlour › Elgin › Keith › Huntly › Dufftown › Tomintoul › Grantown on Spey

Dauer: 2 Tage, bei intensiver Whisky-Verkostung auch länger.

Praktische Hinweise:

- Whiskyfreunden sei eine der Touren ans Herz gelegt, die Busunternehmen in Aberdeen organisieren.

Tour-Start:

Keine Region Schottlands weist mehr Brennereien auf als Speyside. Doch neben all den Hinweisschildern auf Whiskydestillen gibt es auf dieser Tour auch viel wunderbare Natur zu sehen. Ausgangspunkt ist der Touristenort **Aviemore** › S. 88, eine eher funktionale Stadt, von der aber die **Strathspey Steam Railway** startet. Gemächlich schlängelt sich der Nostalgiezug aus viktorianischer Zeit in einer Viertelstunde entlang dem Fluss Spey ins beschauliche **Boat of Garten** › S. 89 im **Cairngorms National Park** › S. 88. Natürlich gelangt man auch mit dem Auto dorthin. Am Nordrand des Nationalparks liegt **Grantown on Spey** › S. 89, Ausgangspunkt für Outdoor-Aktivitäten aller Art in den Cairngorms. Bei einem Gang durch den Ort wird man auf viel georgianische Architektur stoßen. Hier beginnt der **Malt Whisky Trail** › S. 89. Besucher, die eher Süßem zugeneigt sind, sollten in **Aberlour** im Spey-Tal einen Stopp am Laden der Fabrik von Walkers Shortbread einlegen (Mo–Do 8.30–17, Fr bis 16 Uhr, Geschäft im Zentrum auch Sa bis 16 Uhr, Tel. 01340/871 555, www.walkersshortbread.com).

Erst-! klassig

Die wohl eindrucksvollste Kathedralenruine in ganz Schottland steht in dem touristisch gut erschlossenen Marktzentrum **Elgin** › S. 90, in dem man auch preisgünstig Wollwaren erwerben und angenehm übernachten kann. Entlang der Whiskyroute geht es weiter nach **Keith** › S. 89, wo die Strathisla Distillery arbeitet. Einen Abstecher ins Städtchen **Huntly** belohnt der Anblick der wildromantischen Schlossruine **Huntly Castle** (April bis Sept. tgl. 9.30–17.30, Okt.–März bis 16.30 Uhr, Do u. Fr. geschl.). In 15 Minuten spaziert man am Fluss entlang zu der Ruine aus dem 12. Jh.

Weiter geht es nach **Dufftown** › S. 90, sozusagen die Hauptstadt des Malt Whiskys. Den Abschluss des Whisky Trails bildet das entzückende **Tomintoul** › S. 90; zum Endpunkt der Tour in Grantown on Spey ist es dann nicht mehr weit.

Tour 7 Schlösser und Paläste

Tour-Übersicht:

Verlauf: **Braemar › Ballater › Banchory › Stonehaven › Montrose › Aberlemno › Glamis › Dundee › Perth › Pitlochry**

Dauer: 2 Tage

Praktische Hinweise:

- Da das Braemar Gathering bei Einheimischen wie Besuchern allein schon wegen eines möglichen Blicks auf die königliche Familie sehr beliebt ist, sollte man sich frühzeitig ein Ticket sichern.

Tour-Start:

Bekannt ist der Ort **Braemar** › S. 91 wohl hauptsächlich wegen den bei Bürgerlichen wie Adeligen beliebten Highland Games. Von der **Royal Deeside** › S. 91 startet die Tour entlang dem Fluss Dee vorbei an **Balmoral Castle** › S. 92, wo Prinz Charles gerne den Sommer verbringt, und führt nach **Ballater** › S. 92. Schon Mitte des 19. Jhs. fand Königin Victoria Gefallen an dem Städtchen und reiste regelmäßig mit der Bahn an. Weiter geht es durch den Ort **Banchory** › S. 92, dessen

Hauptstraße links und rechts hauptsächlich Antiquitätengeschäfte säumen. Das Dee-Tal verlassend, führt die Tour weiter Richtung Nordsee in die Hafenstadt **Stonehaven** › S. 92, deren beheizter Meerwasserpool zu einem Bad lockt. Nicht weit entfernt thront über dem Meer die spektakuläre Burgruine von ****Dunnottar Castle** › S. 92. Entlang der Küste in südlicher Richtung erreicht man nach rund 40 km die hübsche Hafenstadt **Montrose** › S. 93. Während der Wintermonate, wenn Scharen von Wildgänsen einfallen, treffen sich hier die Vogelkundler. Im Ort kann man gut übernachten.

Am nächsten Tag verlässt die Route die Küste landeinwärts nach **Aberlemno** › S. 93, wo sich die wohl schönsten Piktensteine in ganz Schottland befinden. Bei der Weiterfahrt durch Angus, der Heimat der berühmten schwarzen Rinderrasse, gelangt man schließlich in die in sanfte Hügel eingebettete Stadt **Glamis** › S. 93 mit dem pompösen ***Glamis Castle**› S. 94. Die Attraktion in der umso nüchterner erscheinenden Hafenstadt **Dundee** › S. 94 sind die beiden Museumsschiffe.

Als besonders schöne Stadt mit ihrer Lage am Fluss Tay und als Tor zu den Highlands gilt hingegen **Perth** › S. 95. In der Nähe begeistert der noch bewohnte ***Scone Palace** › S. 95 mit seinem wunderschönen Park und der Sammlung an Ziergegenständen. Ein weiteres prächtiges Schloss bildet den Schlusspunkt dieser Reise: **Blair Castle** › S. 95, ein Besuchermagnet in der Nähe des eher überlaufenen **Pitlochry** › S. 95.

Tour 8 Entlang dem Firth of Forth zur Grafschaft Fife

Tour-Übersicht:

Verlauf: Stirling › Glenrothes › Elie › Anstruther › St. Andrews

Dauer: 1 Tag

Praktische Hinweise:

- In der Grafschaft Fife kann man auch sehr gut Fahrrad fahren: Hängen Sie etwa in St. Andrews einen Tag an die Tour an, mieten sich ein Rad und fahren z.B. die Rundtour »Fife – the East Neuk« › S. 98.

Touren im Osten

Tour 6 Auf Whiskytour durch Speyside
Aviemore › Boat of Garten › Grantown on Spey › Aberlour › Elgin › Keith › Huntly › Dufftown › Tomintoul › Grantown on Spey

Tour 7 Schlösser und Paläste
Braemar › Ballater › Banchory › Stonehaven › Montrose › Aberlemno › Glamis › Dundee › Perth › Pitlochry

Tour 8 Entlang dem Firth of Forth zur Grafschaft Fife
Stirling › Glenrothes › Elie › Anstruther › St. Andrews

NORDSEE
30 Meilen
30 Kilometer
Latheron
Wick
Berriedale
Helmsdale
Brora
Tain
Alness
Cromarty
Nairn
Inverness
Culloden Moor
Loch Ness
Forres
Branderburgh-Lossiemouth
Elgin
Buckie
Banff
Macduff
Fraserburgh
Keith
Turriff
Mintlaw
Peterhead
Craigellachie
Aberlour
Ballindalloch
Dava
Findhorn
Grantown-on-Spey
Dufftown
Huntly
Methlick
Stone Circle
Cruden Bay
Ellon
Speyside
Glenlivet
Oyne
Bennachie 530
Inverurie
Balmedie
Tomintoul
Mossat
Boat of Garten
Loch Garten
Aviemore
Cairngorms National Park
CAIRNGORMS
Corgarff
Westhill
Aberdeen
Orkney Islands, Shetland Islands
Ben Avon 1171
Ben Macdui 1309
Kingussie
GRAMPIAN MOUNTAINS
Crathes Castle
Dee
Ballater
Banchory
Braemar
Balmoral Castle
938 Mt. Keen
Stonehaven
Dunnottar Castle
Beinn-á Ghlo 1119
Blair Castle
Angus
Pitlochry
Kirriemuir
Montrose
Aberlemno
Schiehallion 1081
Glamis Castle
Forfar
Kenmore
Dunkeld
Glamis
Arbroath
Coupar Angus
Loch Lomond & The Trossachs N.P.
Scone Palace
Dundee
Firth of Tay
Crieff
Perth
R. Earn
St. Andrews
Falkland Palace
Auchtermuchty
Cupar
Crail
Fife
Anstruther
Castle Campbell
Kinross
Pittenweem
Elie
Stirling Castle
Glenrothes
Buckhaven-and-Methil
Stirling
Dunfermline
Kirkcaldy
North Berwick
Zeebrügge
Hopetoun House
Burntisland
Firth of Forth
Dunbar
Falkirk
Linlithgow
Musselburgh
Haddington
EDINBURGH
GLASGOW
Whitburn
Carlisle

Tour-Start:

Ausgangspunkt dieser eintägigen Tour ist die Stadt ***Stirling** › **S. 96**, deren schon von Weitem sichtbare, aus der umgebenden Ebene aufragende Burg die strategische Bedeutung der Stadt hervorhebt.

Von Stirling aus geht es in östlicher Richtung zunächst ins Landesinnere zum **Castle Campbell** › **S. 96**, von dem aus man einen fantastischen Blick auf das Forth-Tal hat, und zum **Falkland Palace** › **S. 97**, der der Stuart-Dynastie einst als Jagdschloss diente. Über Glenrothes fährt man nun an die Küste.

Am **Firth of Forth** › **S. 97** reihen sich hübsche Fischerdörfer aneinander, besonders sehenswert sind **Elie** mit schönen Stränden und **Anstruther** mit seinem Fischereimuseum. Weiter entlang der Küste erreicht man schließlich das schmucke **St. Andrews** › **S. 98**, weltweit als »Heimat des Golfsports« bekannt. Golfenthusiasten sollten dort auf jeden Fall das British Golf Museum aufsuchen.

Unterwegs im Osten

*Aberdeen 1

Die Stadt (217 120 Einw.) an der Nordsee war jahrhundertelang ein Zentrum des Welthandels, heute ist sie in erster Linie auf das Geschäft mit dem Nordseeöl eingerichtet. Deshalb kann man gerade am Wochenende hier in guten Hotels besonders preiswert unterkommen.

Aberdeen bietet ein unverwechselbares, von Granitbauten und Blumenrabatten bestimmtes Stadtbild, einige herausragende Museen – und einen Einblick in den schottischen Wirtschaftszweig, der in den letzten Jahren ganz Großbritannien über Wasser gehalten hat: die Ölförderung.

Stadtmitte

Mittelpunkt und wirtschaftliche Basis der Stadt ist der frei zugängliche **Hafen** Ⓐ. Frühaufsteher können von 4 bis 7.30 Uhr morgens die Versteigerung des frischen Fangs im modernen Fischmarkt am Albert Basin (Market Street) miterleben.

Erst-! klassig

Das **Maritime Museum** Ⓑ im Provost Ross's House vermittelt einen Überblick über die Geschichte des Hafens und zeigt Displays zur Ölindustrie in der Nordsee. Das Gebäude selbst wurde 1593 als Wohnhaus errichtet (Di–Sa 10–17, So 12 bis 15 Uhr, Eintritt frei).

Die **Kirk of St. Nicholas** Ⓒ umfasst Baureste aus dem 12. Jh. Während der Reformation wurde die Kirche unterteilt und von beiden Konfessionen benutzt. In der Krypta des Ostteils hielt man im 17. Jh. angebliche Hexen gefangen (Mai bis Sept. Mo–Fr 12–16 Uhr).

Die **Aberdeen Art Gallery** Ⓓ zeigt neben europäischer Kunst des 18. bis 20. Jhs. v. a. Werke zeitgenössischer schottischer Künstler. Schon

› Karte
S. 86

Granit prägt das Stadtbild von Aberdeen

die Ausstellung schottischen Kunsthandwerks in Silber und Glas ist bedeutend, die »Macdonald Collection« mit 92 Selbstbildnissen britischer Maler aber ist einzigartig (Di bis Sa 10–17, So 14–17 Uhr, Eintritt frei, www.aagm.co.uk).

Provost Skene's House **E**, das älteste erhaltene Wohnhaus der Stadt (um 1545) ist heute ein Museum, dessen Räume im Stil verschiedener Bewohner und Jahrhunderte eingerichtet sind (bis Feb. 2014 geschl.).

Das ***Marischal College** **F**, in dem sich heute das **Aberdeen City Council** befindet, wurde 1593 als protestantisches Gegenstück zum katholischen King's College gegründet. Die Ausstellungsstücke des 2008 geschlossenen **Marischal Museum**, das sich u. a. mit den prähistorischen Bewohnern Schottlands befasst hatte, befinden sich heute im King's Museum im Old Town House auf dem Gelände des King's College (› **rechts**; www.abdn.ac.uk).

Naturwissenschaft und Technik zum Anfassen bietet **The Satrosphere** **G** – ein echtes Paradies für kleine und große Knopfdrücker und Kurbeldreher (tgl. 10–17 Uhr; www.satrosphere.net).

Im Norden der Stadt

Old Aberdeen erreicht man über die Hauptverkehrsstraße King Street. An der parallel verlaufenden High Street liegt **King's College**, das ältere der beiden Colleges der Universität. Die Kapelle entstand um 1500 und beherbergt das Grab des Universitätsgründers Bischof Elphinstone, dessen Ehrenmal vor dem Gebäude aufragt.

Noch etwas weiter nördlich steht das älteste Granitgebäude in einer Stadt, die oft als Granite City bezeichnet wird: ***St. Machar's Cathedral** mit einer wunderbaren Eichenholzdecke im Mittelschiff. Das Viertel um die Kirche mit seinen bis zu 3000 Jahre alten Bürgerhäusern, dem Kopfsteinpflaster und der Atmosphäre stiller Gediegenheit lohnt einen geruhsamen Spaziergang.

Info

Aberdeen Information Centre

Unterkunftsnachweis und umfassender Service; auch Informationen zu den verschiedenen Highland Games und dem Speyside Whisky Festival.

- 23 Union St. | Aberdeen | AB11 5PB
- Tel. 01224/269 180
- www.aberdeen-grampian.com

Hotels

Brentwood Hotel ●●

Für Aberdeen typisches, vor Kurzem renoviertes Granitreihenhaus mit 66 Zimmern, Bar und Restaurant.

- 101 Crown St. | AB11 6HH
- Tel. 01224/595 440
- www.brentwood-hotel.co.uk

Roselea House ●●

Zentral gelegenes B & B in einem Mitte des 19. Jhs. erbauten Granithaus, speziell auf Vegetarier eingerichtet.

- 12 Springbank Terrace | AB11 6LS
- Tel. 01224/583 060
- www.roseleahouse.co.uk

Restaurants

Silver Darling ●●●

Das Restaurant am Hafen serviert exquisite Fischgerichte zu stolzen Preisen.

- Pocra Quay/North Pier Road
- Tel. 01224/576 229
- www.silverdarling.co.uk

Howies Aberdeen ●●●

Leckere Fischgerichte, lokale Spezialitäten und ausgezeichnete Weinliste.

- 50 Chapel Street | AB10 1SN
- Tel. 01224/639 500
- www.howies.uk.com

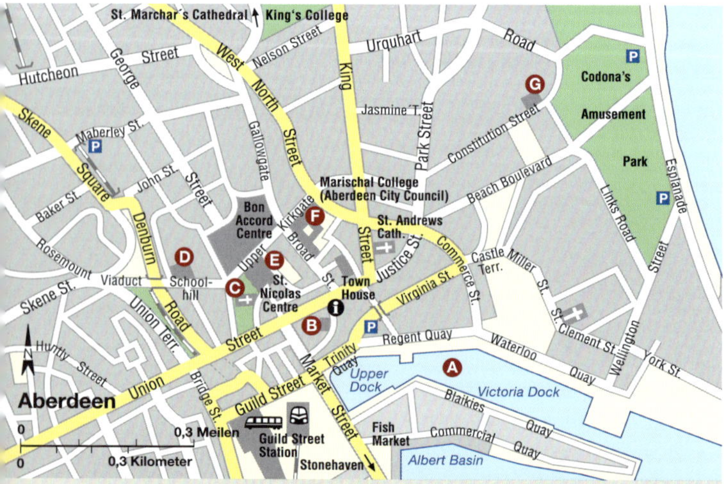

A Hafen
B Maritime Museum
C Kirk of St. Nicholas
D Aberdeen Art Gallery
E Provost Skene's House
F Marischal College
G The Satrosphere

Pubs

The Prince of Wales

Der Pub von 1840 ist ein beliebter Treffpunkt bei Einheimischen wie Besuchern (Mo–Do 10–24, Fr/Sa bis 1 Uhr, So ab 11 Uhr); günstiges Mittagessen.

- 7 St. Nicholas Lane
- Tel. 01224/640 597

The Globe Inn ●●

Populäre Musikkneipe, Gigs bekannter schottischer Musiker am Fr und Sa. Sieben komfortable Zimmer.

- 13–15 North Silver Street
- Tel. 01224/624 258
- www.theglobeinn-aberdeen.co.uk

Shopping

Bon Accord & St Nicholas

Das Einkaufszentrum in der Stadtmitte bietet neben den üblichen Geschäften auch solche mit einer guten Auswahl an Woll- und Tweedwaren.

- George Street
- http://bonaccordandstnicholas.com

Alex Scott & Co (Kiltmakers) Ltd

Hier kann man Kiltschneidern bei der Arbeit zuschauen und selbst einen echten Kilt für daheim erwerben.

- 43 Schoolhill
- Tel. 01224/674 874
- www.kiltmakers.co.uk

Aberdeen International Street Market

Jeweils Fr, Sa und So von 9–18 Uhr lockt mehrmals im Jahr ein Flohmarkt mit über 70 Ständen und Waren aus fünf Kontinenten Besucher an.

- Union Terrace Gardens
- Tel. 01224/633 877
- www.aberdeencity.gov.uk

Aktivitäten

Alan Crichton Mountain Skills Ltd.

Wander-, Berg- und Klettertouren in kleinen Gruppen.

- 30 Kinmundy Av. | AB32 6TG
- Tel.1224/746 605
- www.mountainskills.co.uk

Castle Tours

Das Unternehmen bietet Eintagestouren im Minibus zu verschiedenen Themen wie Whisky oder Schlösser (im Sommer Highland Games) an.

- Tel. 01224/713 100
- www.castle-tours.co.uk

Ausflüge ab Aberdeen

Crathes Castle 2

Von den vielen Adelssitzen in der Umgebung Aberdeens ist Crathes Castle wohl der meistbesuchte, denn er bietet alles, was man von einem »typisch schottischen Schloss« erwartet: Hinter den malerischen Zinnen des 1553–1594 errichteten Baus verbergen sich nicht nur drei Räume mit eindrucksvollen Deckenmalereien, sondern auch diverse Gespenster, darunter die »Green Lady«. Sie soll mit ihrem Kind im Arm umgehen – in ihren Gemächern hat man unter der Kaminplatte das Skelett eines Säuglings gefunden.

Die über 240 ha großen, in Parzellen aufgeteilten Gärten sind ein besonderes Erlebnis, zudem gibt es sechs verschiedene Spazierwege. Informationszentrum, Souvenirladen und Café dürfen natürlich nicht fehlen. Castle: April–Okt. tgl. 10.30 bis 16.45, Nov./Dez. (außer Weihnachten) Sa, So 10.30–15.45 Uhr; Café & Shop: April–Okt. 9.30–17, Nov./Dez. Di–So 10–16 Uhr. Gärten ganzjährig 9 Uhr bis Sonnenuntergang; Castle, Café und Shop auch 27.–31. Dez. geöffnet.

Inverurie 3 und Umgebung

Rund um die Stadt Inverurie, 30 Autominuten nordwestlich von Aberdeen, wimmelt es nur so von prähistorischen Steinkreisen und Piktensteinen. Im nahen Dorf Oyne wurden im **Archaeolink Prehistory Park** all diese archäologischen Denkmäler originalgetreu nachgebaut. Schauspieler lebten dort den Besuchern die vergangenen Zeiten vor. Seit Ende 2011 ist der Park allerdings geschlossen, seine Zukunft ist völlig ungewiss.

Unter Dampf: Die Strathspey Steam Railway im Tal des River Spey

Cairngorms National Park 4

Erst-! klassig

Großbritannien größter und jüngster Nationalpark schützt seit Herbst 2003 offiziell 3800 km² Bergland der Cairngorms und Grampian Mountains mit vielen seltenen Pflanzen und bedrohten Tierarten. Die hypermoderne Cairngorm Railway (Talstation östlich von Aviemore) bringt einen bis kurz unter den Gipfel des 1245 m hohen Cairn Gorm (Auffahrt 10.20 bis 16 Uhr alle 20 Min.; www.cairngormmountain.org).

Info

Cairngorms Nat. Park Authority

- 14 The Square
- Grantown on Spey | PH26 3HG
- Tel. 01479/873 535
- www.cairngorms.co.uk

Aktivitäten

Highlander Mountaineering

Bergsteiger- und Kletterkurse; geführte Touren durch die Cairngorms.

- 71 High St. | Aberlour | AB38 9QB
- Tel. 01340/871 071
- www.petehillmic.com

Aviemore 5

Der Ort ist nicht besonders schön, jedoch Tourismuszentrum für Unterkunft, Gastronomie und Verkehrsverbindungen sowie Ausgangspunkt für Aktivitäten in den Cairngorms. Von hier startet mehrmals am Tag die Nostalgiebahn Strathspey Steam Railway, die den River Spey entlang nach Boat of Garten fährt (Juli/Aug. tgl., Juni/Sept. Mi–So, sonst eingeschränkt, Tel. 01479/810 725; www.strathspeyrailway.co.uk).

Erst-klassig

Hotel

Ardlogie Guest House ●●
Modern eingerichtetes Gästehaus mit wundervoller Aussicht auf die Cairngorm Mountains.
- Aviemore | PH22 1PU
- Tel. 01479/810 747
- www.ardlogie.co.uk

Boat of Garten 6

Der hübsche Ort im Nationalpark hat sich ganz auf Tourismus eingestellt. Hier im Tal sieht man das ganze Jahr hindurch Wanderer, Bergsteiger und Kletterer, Rad- und Kanufahrer, Angler und Golfer, die sich in die Cairngorms aufmachen. Hier hält auch die gern benutzte Strathsprey Steam Railway.

Das Naturreservat von **Loch Garten** ist berühmt für die ständige Bewachung, die man dort den letzten Fischadlern Schottlands angedeihen lässt.

Hotel

Moorfield House ●●
Gepflegtes viktorianisches Gästehaus mit dem persönlichen Touch. Wanderer und Radfahrer willkommen.
- Deshar Road | PH24 3BN
- Tel. 01479/831 646
- www.moorfieldhouse.com

Der Malt Whisky Trail 5

Whisky ist der beste Grund, um von **Grantown on Spey** 7 in nordöstlicher Richtung durch das Spey Valley zu fahren. Von den vier Whiskyregionen Schottlands (die anderen sind Lowlands, Highlands/Islands sowie Islay › **S. 40**) ist **Speyside** diejenige mit der größten Dichte an Destillerien auf engem Raum. Die pagodenartigen Kamindächer der Malzdarren werden bald zum vertrauten Anblick, und viele Brennereien heißen Touristen zu Führungen und Pröbchen willkommen (www.maltwhiskytrail.com).

Gut auf Besucher eingerichtet ist **Glenlivet** nahe dem gleichnamigen Dorf (Anfang April–Okt. Mo–Sa 9.30–16, So ab 12 Uhr). Einen der besten Single Malt Whiskys der Region produziert wohl die **Cragganmore Distillery** in Ballindalloch am Spey (April–Okt. Mo–Fr 9.30 bis 17 Uhr, letzte Führung 16 Uhr, www.discovering-distilleries.com). Zu den ältesten und schönsten Brennereien gehört die 1786 gegründete **Strathisla Distillery** in **Keith.** Entzückend sind die Zwillingspagodentürme, das Wasserrad und die kleinen Bruchsteinhauser (April–Okt. Mo–Sa 9.30–16, So 12–16 Uhr).

Hotel

Ben Mhor Hotel ●●●
Renoviertes Hotel mit beliebtem Bistro im Zentrum von Grantown.
- 53–57 High Street
- Grantown on Spey | PH26 3EG
- Tel. 01479/872 056
- www.benmhor.co.uk

› Karte S. 83

Tomintoul 8

Die eindrucksvolle Landschaft des Whisky Country lohnt den Besuch des Dorfes, das mit 354 m zu den höchstgelegenen Ortschaften der Highlands gehört. Niedrige alte Häuser säumen den Hauptplatz. Vom Ort aus kann man einen Ausflug am River Avon entlang und auf die Anhöhen machen.

Dufftown 9

Die Stadt, die erst 1817 gegründet wurde, darf als Zentrum des Malt Whiskys gelten, da in der näheren Umgebung gleich sieben Destillerien zu finden sind.

Am Ortsrand steht die berühmte und marktführende **Glenfiddich Distillery,** die sich als einzige Brennerei noch im Besitz der Gründerfamilie befindet (Visitor Centre geöffnet ganzjährig 9.30–16.30 Uhr, regelmäßige Führungen; www.glenfiddich.de).

Dufftown am Malt Whisky Trail

Der Norden von Speyside

Elgin 10

In dem touristisch gut erschlossenen Städtchen und einstigem Bischofssitz steht die wohl schönste und berühmteste Kathedralruine in ganz Schottland: die ***Elgin Cathedral** aus dem 13. Jh., auch als Laterne des Nordens bekannt (April bis Sept. tgl. 9.30–17.30, Okt.–März Mo–Mi, Sa/So 9.30–16.30 Uhr).

Info

Elgin Information Point

- Elgin Library | Cooper Park
- Elgin | IV30 1HS
- Tel. 01343/562 608

Hotel

Moreydale Guest House ●●

Traditionelles viktorianisches Gästehaus im Zentrum von Elgin.

- 276 High Street | IV30 1AG
- Tel. 01343/546 381
- www.moraydaleguesthouse.com

Shopping

Gordon & MacPhail

Das Feinkostgeschäft führt etwa 800 Single Malt Whiskys sowie jede Menge anderer feiner Delikatessen.

- 58–60 South Street | IV30 1JY
- Tel. 01343/545 110
- www.gordonandmacphail.com

Banff 11

Der Ort hat sich trotz heftigen Reiseverkehrs eine gewisse Aura stiller Gediegenheit bewahrt, die nicht zuletzt auf mehrere Bauten der Architektenfamilie Adam zurückzuführen ist: Das schlichte **Town House** (1767) stammt von John oder James Adam, von William Adam das Stadtpalais **Banff Castle,** ebenso das elegante **Duff House** am Hügel südlich des Zentrums (April–Okt. tgl. 11–17, Nov.–März Do–So 11 bis 16 Uhr, www.duffhouse.org.uk).

Info

Banff Information Centre

- Collie Lodge | AB45 1AU
- Tel. 01261/812 419

Fraserburgh 12

Auch wenn der Küstenort nicht allzu freundlich wirkt, ist der 5 km lange Sandstrand in der Bucht umso einladender. Der Leuchtturm von **Kinnaird Head** wurde 1787 errichtet, indem man den Turm der dortigen Burg umbaute: Damit ist er einer der ungewöhnlichsten Leuchttürme der Welt. Hier ist auch das Museum of Scottish Lighthouses untergebracht (April–Okt. tgl. 10–17, Di ab 12 Uhr, Nov.–März Mi–So 11 bis 16 Uhr. Letzter Einlass eine Std. vor Schließung; www.lighthousemuseum.org.uk).

Erst-! klassig

6 Royal Deeside

Die Region darf sich dank der königlichen Residenz Balmoral *Royal* nennen; schon Queen Victoria verlebte hier ihre Ferien. Der Fluss Dee, für seinen Lachsreichtum bekannt, schlängelt sich vorbei an romantischen Burgen wie Braemar oder Crathes Castle und durch anmutige viktorianische Orte, bis er schließlich bei Aberdeen ins Meer mündet.

Braemar 13

Am Eingang des Ortes thront das ab 1628 errichtete **Braemar Castle,** dessen Türme wie Feuerwerksraketen anmuten. Der Ort selbst ist wegen der **Braemar Highland Games** (Braemar Gathering) bekannt. Am ersten Samstag im September finden sich auch Mitglieder der königlichen Familie ein, um starken Männern und anmutigen Tänzerinnen zuzujubeln. Der Vorverkauf der begehrten Karten beginnt jeweils Anfang November (Tel. 013397/410 98, www.braemargathering.org).

Hotel

Callater Lodge ●●

Gehobenes Gästehaus; viktorianischer Charme mit zeitgemäßem Komfort.

- 9 Glenshee Road | AB35 5YQ
- Tel. 013397/412 75
- www.callaterlodge.co.uk

Balmoral 14

In diesem Schloss hat Königin Victoria ihr Herz für die Highlands entdeckt. Ballsaal und Gärten sind von April bis 31. Juli tgl. 10–17 Uhr zu besichtigen (oder im Internet unter www.balmoralcastle.com). Regelmäßig verbringt die Königsfamilie hier den Spätsommer – dann ist das Anwesen für die Öffentlichkeit tabu.

Ballater 15

Der Bahnhof von Ballater, nunmehr renoviert und zum Museum umfunktioniert, war Endstation der 1966 stillgelegten Deeside Railway. Hier kam Queen Victoria an, wenn sie mit dem Zug ins nahe Balmoral Castle reiste. An dem attraktiven Ferienort ist vieles königlich – so manches Geschäft darf das Zeichen tragen, dass es die königliche Familie mit Waren beliefert.

Hotel/Restaurant

The Auld Kirk ●●

Erst-! klassig

In einer ehemaligen Kirche ist dieses schmucke Hotel und preisgekrönte Restaurant untergebracht.

- Braemar Road | AB35 5RQ
- Tel. 01339/755 762
- www.theauldkirk.com

Banchory 16

Das Städtchen am Dee ist vor allem für seine Antiquitätengeschäfte bekannt, die sich an der Hauptstraße aneinanderreihen.

Hotels

Raemoir House Hotel ●●●

Stilvolles Landhaus von 1817, umgeben von einem großen Park.

- Raemoir | AB31 4ED
- Tel. 01330/824 884
- www.raemoir.com

Banchory Lodge Hotel ●●●

Kultiviert logiert man hier mit Kaminfeuer und Himmelbett. Schon die Website lohnt einen Besuch.

- Dee Street | AB31 5HS
- Tel. 01330/822 625
- www.banchorylodge.co.uk

Stonehaven 17

Mit seinem schmucken Hafen, dem altem Stadtzentrum und dem spätmittelalterlichen Tolbooth (ehem. Gerichtsgebäude) ist der Ort an der Nordsee sehr beliebt. Der beheizte Salzwasserpool von 1934 lädt zu einer kleinen Erfrischung ein (Mai bis 1. Woche Sept., www.stonehaven openairpool.co.uk).

Restaurants

Tolbooth ●●

Ausgezeichnetes Fischrestaurant am pittoresken Hafen, Mo geschl.

- Old Pier Road
- Tel. 01569/762 287
- www.tolbooth-restaurant.co.uk

Carron Art Deco Restaurant ●●

Exzellentes Restaurant im Art-déco-Stil. Moderne Rezepte umgesetzt mit regionalen Zutaten, nur Di–Sa.

- Cameron Street
- Tel. 01569/760 460
- www.carron-restaurant.co.uk

**Dunnottar Castle 18

Die Lage der Burg vor der Küste bei Stonehaven hoch über den steil ins Meer abfallenden Felsen zeugt von der einstigen strategischen Bedeutung – hier wurden auch die schottischen Kronjuwelen gehütet – und bietet eine filmreife Kulisse. Nicht ohne Grund gehört sie zu den meistfotografierten Burgen in Schottland (tgl. April–Okt. 9–18, Nov.–März 10–17 Uhr bzw. bis Sonnenuntergang, je nachdem, was früher eintritt. Letzter Einlass 30 Min.

Erst-! klassig

vor Schließung. Die Öffnungszeiten sind wetterabhängig. Info unter Tel. 01330/860 223, www.dunnottarcastle.co.uk).

Montrose 19

Die ungewöhnliche Lage auf der Landzunge, die das **Montrose Basin** vom Meer trennt, lässt das nette Hafenstädtchen zur Pilgerstätte für Vogelkundler werden. Ab November fallen hier riesige Scharen von Wildgänsen aus der Arktis ein. Das Erst-! klassig Montrose Basin Wildlife Centre lässt Interessierte am Vogelalltag teilhaben (März–Nov. tgl. 10.30–17, sonst Fr–So 10.30–16 Uhr, www.montrosebasin.org.uk).

3 km südlich von Montrose zieht sich die Erst-! klassig einsame Lunan Bay mit feinstem Sandstrand entlang, deren Ende die Ruine des Red Castle krönt.

Hotel

36 The Mall ●●

Viersterne-B & B mit angenehmen Zimmern und üppigem Frühstück.

- Montrose | DD10 8SS
- Tel. 01674/673 646
- www.36themall.co.uk

Aberlemno 20

In dem kleinen Ort kann man drei der schönsten und berühmtesten Piktensteine sehen. In den frühen, aus dem 6./7. Jh. stammenden Class-I-Stein an der Straße sind Schlange, Doppelscheibe und Z-Stab, Spiegel und Kamm eingemeißelt. Auf der Rückseite des späten Kreuzsteins an der Straße sieht man unter zwei beherrschenden piktischen Symbolen berittene Jäger, Hunde und Hirsche. Der Kreuzstein auf dem Friedhof zeigt auf der Rückseite die bekannteste Kampfszene der Piktenkunst.

Glamis 21

Eingebettet in die sanft gewellte Landschaft von Angus, deren schwarze Rinder delikates Fleisch liefern, liegt Glamis (sprich:

Herrschaftliche Burgen und Schlösser

Erst-! klassig

- Schottlands berühmtester Architekt Robert Adam schuf mit **Culzean Castle** eine verblüffende Synthese von klassizistischem Herrenhaus und romantischer Burg. › **S. 77**
- Die Lage von **Dunnottar Castle** auf einem Felsen hoch über dem Meer ist absolut filmreif. › **S. 92**
- Die üppigen Gärten von **Glamis Castle** verraten viel über die Lebensumstände des Hochadels. › **S. 94**
- Am Nordufer von Loch Awe steht die pittoreske Ruine von **Kilchurn Castle** aus dem 15. Jh., die damals noch auf einer Insel stand. › **S. 104**
- Die wohl am meisten fotografierte Burg in Schottland ist **Eilean Donan Castle**. › **S. 127**
- In **Cawdor Castle** gibt es neben den Prunksälen eine Dalí-Zeichnung von Macbeth, ein Bild nach Edgar Allan Poe und eine voll eingerichtete viktorianische Küche zu bewundern. › **S. 137**

»glahms«). Eine Reihenhaussiedlung des frühen 19. Jhs. wurde zum **Angus Folk Museum,** das einen Einblick in den Alltag der arbeitenden Bevölkerung jener Zeit vermittelt (Museum momentan geschlossen, weitere Informationen unter www.nts.org.uk).

In krassem Gegensatz dazu stehen die Lebensumstände des Hochadels, wie ein Besuch von ***Glamis Castle** verdeutlicht. Der Sitz der Familie Bowes-Lyon, auf dem die 2002 verstorbene Königinmutter ihre Jugend verbrachte, ist mit allem erdenklichen Pomp ausgestattet. Der um 1370 entstandene Bau wurde im 17. Jh. zum prachtvollen Herrensitz ausgebaut (Mitte März bis Okt. tgl. 10–18 Uhr, letzter Einlass 90 Min. vorher; www.glamis-castle.co.uk).

Erst-! klassig

Glamis Castle, eine Attraktion nicht nur für Monarchisten

Dundee 22

In der viertgrößten Stadt Schottlands (147 800 Einw.) sind vor allem die beiden Museumsschiffe im Hafen sehenswert: Die **RRS Discovery** diente dem Südpolarforscher Robert Falcon Scott 1901–1904 als Expeditionsschiff (April–Okt. Mo bis Sa 10–18, So ab 11, Nov.–März bis 17 Uhr, www.rrsdiscovery.com).

Die **HMS Unicorn** lief 1824 vom Stapel. Auf der Fregatte kann man sich ein gutes Bild von den grauenhaften Verhältnissen machen, die Seeleute jener Zeit erdulden mussten (April–Okt. tgl. 10–17, Nov. bis März Mi–Fr 12–16, Sa, So 10 bis 16 Uhr, www.frigateunicorn.org).

In Dundee wurde im 18. Jh. die berühmte bittere Orangenmarmelade erfunden – aber die Firma arbeitet schon längst in England.

Info

VisitScotland Angus & Dundee

- Discovery Quay | Dundee | DD1 4XA
- Tel. 01382/527 527
- www.angusanddundee.co.uk

Hotel/Restaurant

Fisherman's Tavern Hotel ●

In dem kleinen Hotel direkt am Hafen lässt es sicht nicht nur gut schlafen, man speist auch vorzüglich im angeschlossenen Pub.

- 10–16 Fort Street | DD5 2AD
- Tel. 01382/775 941
- www.fishermanstavern.co.uk

Perth 23

Der Ort ist ein beliebtes Ausflugsziel unweit der Highlands am Fluss Tay gelegen. Die zwei hübsch gestaltete Parks laden zum Verweilen ein, an der Uferpromenade lässt es sich gemütlich schlendern, die Innenstadt mit ihren zahlreichen georgianischen Häusern bietet gute Einkaufsmöglichkeiten. Zudem verfügt die Stadt über viele Restaurants und ein umfangreiches Kulturangebot. Perth hat auch mehrmals die Auszeichnung »Britain in Bloom« für seine Blumenpracht erhalten.

Nördlich von Perth wartet der prächtige, im 16. Jh. erneuerte ***Scone Palace.** In seinem schönen Park mit seltenen alten Bäumen erhob sich die Krönungskirche der schottischen Könige, Scone Abbey, mit dem berühmten Krönungsstein »Stone of Destiny«, der heute in Edinburgh Castle › **S. 47** aufbewahrt wird (April–Okt. So–Fr 9.30–17, Sa nur bis 16 Uhr, www.scone-palace.co.uk).

Info

Perth Information Centre

- West Mill Street
- Perth | PH1 5QP
- Tel. 01738/450 600
- www.perthshire.co.uk

Hotel/Restaurant

Huntingtower Hotel ●●●

Umgestaltetes Herrenhaus in großem Park, ca. 1,5 km westlich von Perth gelegen. 34 modern eingerichtete Zimmer, gepflegte schottische Küche, großer Wirtsgarten.

- Crief Road | PH1 3JT
- Tel. 01738/583 771
- www.huntingtowerhotel.co.uk

Blair Castle 24

7

Der nördlich des Städtchens Pitlochry gelegene romantische Sitz der Herzöge von Atholl mit weitläufigem Park birgt wertvolle Kunstschätze, doch wollen viele Besucher vorwiegend die Atholl Highlanders sehen, die letzte legale Privatarmee Großbritanniens. Jedes Jahr im Mai hält die 80 Mann starke Truppe ihre große Parade ab. (Ostern–Okt. tgl. 9.30–16.30 letzter Einlass, Nov. bis Ostern Di, Sa 9.30–12.30 Uhr; www.blair-castle.co.uk).

Pitlochry selbst ist bei Touristen vor allem wegen der Lachse beliebt, die hier neben der Betonleiter über die Staumauer in das künstliche Loch Faskally springen – allerdings nur im Juni und Juli. Zahlreiche Geschäfte, in denen man alles Erdenkliche aus Wolle erstehen kann, verführen zu ausgiebigem Einkauf.

Hotel

The Old Mill Inn ●●

Geschmackvolles Hotel in alter Getreidemühle, gute schottische Küche.

- Mill Lane
- Pitlochry | PH16 5BH
- Tel. 01796/474 020
- www.theoldmillpitlochry.co.uk

Pub

Moulin Inn & Brewery ●

Erst-! klassig

Bereits 1695 gegründeter, gut geführter Pub mit eigener Mikrobrauerei, die vier Biersorten erzeugt.

- 11 Kirkmichael Road
- Pitlochry | PH16 5EH
- Tel. 01796/472 196
- www.moulininn.co.uk

*Stirling 25

Die 41 000-Einwohner-Stadt wird von der eindrucksvollen Festung ***Stirling Castle** überragt. Der Vergleich mit Edinburgh drängt sich auf; der Bau ist nicht nur von der Anlage her ähnlich, sondern hat auch eine erhabene Geschichte vorzuweisen: In dieser königlichen Residenz krönte man Maria Stuart 1543 im zarten Alter von neun Monaten zur Königin von Schottland. Die heute verbliebenen Gebäude stammen zum größten Teil aus dem 15. und 16. Jh. (April–Sept. tgl. 9.30–18, Okt. bis März 9.30–17 Uhr, www.stirlingcastle.gov.uk).

Das Viertel um den Aufgang zur Feste ist der älteste und schönste Teil der Stadt. In interessanten Gebäuden wie **Argyll's Lodging** und der **Guildhall** erzählen in der Hauptsaison Menschen in historischen Gewändern von der facettenreichen Historie der Bauten. (Argyll's Lodging: nur nachmittags geöffnet, Zeiten für Führungen vor Ort erfragen, www.stirlingcastle.gov.uk.)

Im März 2014 wird das südlich von Stirling gelegene **Bannockburn Visitor Centre** eröffnet. Auf dem Gelände markiert eine Rotunde mit einem Reiterstandbild die Stelle, von der aus während der Unabhängigkeitskriege Robert Bruce 1314 das schottische Heer zu seinem blutigsten Sieg über die Engländer führte. Für nationalbewusste Schotten ist diese Schlacht zum Sinnbild für die Sicherung der schottischen Unabhängigkeit geworden (www.battleofbannockburn.com).

Info

Stirling Tourist Information Centre
- Old Town Jail | St John Street
- Stirling | FK8 1EA
- Tel. 01786/475019
- www.visitstirling.org

Hotel

The Golden Lion ●●
Gepflegtes Mittelklassehotel mit 67 netten Zimmern im Herzen von Stirling, Bar in der Bibliothek.
- 8–10 King Street | FK8 1BD
- Tel. 01786/475 351
- www.thegoldenlionstirling.com

Nightlife

Rund ums Schloss führen Schauspieler im Rahmen eines **Ghost Walks** die »Welt rastloser Gespenster und verlorener Seelen« vor (Juli/ Aug. Di–Sa, Sept./ Okt. und Jan.–Juni nur Fr und Sa; www.stirlingghostwalk.com).

Ausflüge ab Stirling

Castle Campbell

20 km östlich von Stirling erhebt sich am Südrand der Hügelkette der Ochils hoch über dem bewaldeten Tal von Dollar Glen das romantische Castle Campbell (April–Sept. tgl. 9.30–17.30, Okt. tgl. 9.30–16.30, Nov.–März Sa–Mi 9.30–16.30 Uhr, www.historic-scotland.gov.uk).

Wer den steilen Anstieg zur Burg auf sich nimmt, wird mit einem großartigem Blick über das Forth-Tal belohnt.

Falkland Palace 26

55 km östlich von Stirling, nahe Auchtermuchty, liegt das Jagdschloss der Stuart-Dynastie. Teil der Führung durch die Prunk- und Privatgemächer des ab 1501 erbauten Schlosses ist auch eine Erklärung des »Royal Tennis« – das komplizierte Spiel der Könige hat mit heutigem Tennis aber nicht mehr viel gemein (März bis Okt. Mo–Sa 11 bis 17, So ab 13 Uhr, www.nts.org.uk).

Am Firth of Forth

Ausflug zur Isle of May

Die tief eingeschnittene Nordseebucht, in die der Fluss Forth östlich von Stirling mündet, wird Firth of Forth genannt. An ihrer Nordküste, in der Grafschaft Fife, reihen sich mehrere sehenswerte Fischerdörfer aneinander, darunter das mit schönen Sandstränden gesegnete **Elie**.

Ainster nennen die Einheimischen **Anstruther** 27, das größte Dorf. Am Hafen informiert das Scottish Fisheries Museum anschaulich über Geschichte und Praxis der Fischerei an dieser Küste und zeigt auch zwei echte Fischerboote, die beim Museum vertäut liegen (April–Sept. Mo–Sa 10 bis 17.30, So 11–17, Okt.–März Mo–Sa 10–16.30, So 12 –16.30 Uhr, www.scotfishmuseum.org).

Erst-! klassig

Im Sommer starten von Anstruther aus Bootsausflüge zu den Papageitauchern (puffins) auf der Isle of May. Verlockend ist auch der 6 km lange **Küstenweg** von Anstruther zum malerischen Hafen von Crail (gute Busverbindung zwischen den Orten).

Hotel

The Spindrift ●●

Das viktorianische Gästehaus bietet acht geschmackvoll eingerichtete Zimmer und ein reichhaltiges Frühstück.

- Pittenweem Road
- Anstruther | KY10 3DT
- Tel. 01333/310 573
- www.thespindrift.co.uk

Aktivitäten

- Wanderer kommen auf dem 188 km langen Küsten-Fernwanderweg »The Fife Coastal Path« auf ihre Kosten. Auf den verschiedenen Teilabschnitten passiert man mächtige Burgen, traumhafte Strände und genießt beeindruckende Ausblicke. Die Touren sind für alle geeignet, es wurden sogar drei

› Karte S. 83

spezielle Kinderrouten erarbeitet (www.fifecoastalpath.co.uk).

- Auch mit dem Fahrrad kann man die Grafschaft Fife hervorragend erkunden. Rund 500 km Fahrradwege unterschiedlicher Länge und Schwierigkeit stehen zur Auswahl. Sehr schön ist etwa die Rundtour »Fife« – the East Neuk« mit Start- und Endpunkt St. Andrews. Die Strecke ist zwar rund 60 km lang, aber eher leicht an einem Tag zu bewältigen (http://active.visitscotland.com/findroute/perthshire/Fife-the-East-Neuk).
- Räder vermietet **Spokes** in Kircaldy, Tel. 01592/646 203, oder St. Andrews, Tel. 01334/ 477 835, www.spokescycles.net.
- Wassersportler können Segel-, Paddel- und Tretboote (und auch Fahrräder) bei **Elie Watersports** mieten: Elie Harbour, Tel. 01333/330 962, www.eliewatersports.com.

Erst-klassig

St. Andrews 28

Der schmucke Ort ist weltberühmt als Heimat des Golfsports. Prinz William studierte hier Kunstgeschichte. Immerhin ist die Universität von St. Andrews die älteste und angesehenste in ganz Schottland (gegründet 1412), und Studenten bestimmen das Straßenbild des Städtchens. Als Autorität in allem, was den Golfsport angeht, gilt der 1754 gegründete »Royal and Ancient Golf Club«; für Enthusiasten unverzichtbar ist ein Besuch im **British Golf Museum** (April–Okt. Mo bis Sa 9.30–17, So 10–17, Nov. bis März tgl. 10–16 Uhr, www.britishgolfmuseum.co.uk).

St. Andrews war ab dem 10. Jh. Sitz des mächtigsten Bischofs von Schottland, und die Ruine der ****St. Andrews Cathedral** vermittelt bis heute einen Eindruck ihrer mittelalterlichen Pracht.

Info

St. Andrews Information Centre

- 70 Market Street | KY16 9NU
- Tel. 01334/472 021
- www.visitstandrews.com

Hotel

St. Andrews Old Course Hotel ●●●

Großes legendäres Luxushotel auf dem berühmten Golfplatz mit noblem Spa. Attraktive Sonderangebote.

- Tel. 01334/474 371
- www.oldcoursehotel.co.uk

Restaurant

The Peat Inn ●●●

In keinem Restaurantführer fehlen Lobeshymnen auf die Gourmetgerichte dieses Gasthauses, das auch edle Zimmer bietet. Restaurant So, Mo geschl.

- Cupar | KY15 5LH
- 10 km südwestl. von St. Andrews
- Tel.01334/840 206
- www.thepeatinn.co.uk

Shopping

St Andrews Golf Company

Showroom und Shop der Traditionsfirma für Golfschläger etwas außerhalb von St. Andrews.

- 20 St Andrews Road
- Largoward | KY9 1HZ
- Tel. 01334/840 860
- www.standrewsgolfco.com

Bunte Häuser in Tobermory, Isle of Mull

Der Westen

Das Beste!

- Ausgiebiges Whisky Tasting auf Islay › S. 105
- Wie Prinz Charles köstliche Fish & Chips oder Jakobsmuscheln am Hafen von Tobermory genießen › S. 108
- Ausflug nach Staffa, Mendelsohns op. 26 im Ohr › S. 109
- Fahrt mit dem »Hogwarts Express« – dem Jacobite Stream Train von Mallaig nach Fort William › S. 109

Tief eingeschnittene Buchten, bezaubernde Inseln, Lochs (Seen) und Schlösser prägen den maritimen Westen Schottlands. Die »Road to the Isles« von Fort William nach Mallaig führt durch eine atemberaubende Landschaft.

Tief zerklüftet zeigt sich die Grafschaft Argyll im Westen Schottlands. Weit nach Süden ragt die lange Halbinsel Kintyre, nordwestlich davon liegen drei der größten Inseln der Inneren Hebriden: Islay, berühmt für seine Whiskybrennereien, Jura und, nördlich des Firth of Lorn, Mull. Von der kleinen, vor Mull gelegenen Insel Iona aus wurde einst Schottland christianisiert. Seit prähistorischer Zeit haben die Fjorde, Halbinseln und Inseln Besucher angezogen, die sich oft dann auch niederließen. Heute wandeln Touristen auf den Spuren der früheren Siedler, wagen sich mit Segelbooten auf die Lochs hinaus oder besuchen die Highland Games.

In diesem Teil Schottlands breitet sich mit Loch Awe einer der schönsten Seen des Landes aus. Auch Loch Fyne, ein Meeresfjord, an dessen Ufer das georgianische Inveraray liegt, bietet ein großartiges Landschaftserlebnis.

Der Westen ist auch für seine Burgen bekannt, wie das Castle Stalker, das majestätisch aus dem Meer herausragt, oder auch Kilchurn Castle am Loch Awe.

Geschäftiger Mittelpunkt für Überfahrten auf die Inseln der Inneren Hebriden ist die Hafenstadt Oban am Firth of Lorn. Landeinwärts, am Ende von Loch Linnhe, liegt als weiteres touristisches Zentrum des Westens Fort William, das über eine hervorragende touristische Infrastruktur verfügt. Fort William gehört schon zur Grafschaft Invernessshire, ebenso wie die einsame Halbinsel Morvern, die auf drei Seiten von Loch Linnhe, den Sound of Mull und Loch Sunart begrenzt wird.

Touren in der Region

Tour 9 Islay und Jura

Tour-Übersicht:

Verlauf: **Tarbert › Kennacraig › Port Ellen (Islay) › Port Askaig › Jura › Port Askaig › Kennacraig**

Dauer: 3 Tage

Praktische Hinweise:

- Die letzte Fähre von Feolin (Jura) verkehrt um 18.40 Uhr, man kann also auf Jura bleiben oder diese Fähre zurück nach Port Askaig (Islay) nehmen.

Tour-Start:

Die Tour zu den beiden Inseln beginnt in der reizenden Hafenstadt **Tarbert** › **S. 104** am nördlichen Ende der Halbinsel Kintyre. In südlicher Richtung geht es weiter zum Hafen von Kennacraig, ein eher unbedeutender Ort, aber Hafen für die Fähre nach **Port Ellen** auf der Insel ***Islay** › **S. 105**. Port Ellen ist ein schmuckes Hafenstädtchen mit weißen Häusern am Hafen und einem quadratischen Leuchtturm. Gleich drei der acht Whiskybrennereien › **S. 40** auf Islay liegen in der Nähe von Port Ellen. Die Rundfahrt führt zur windumtosten Westküste, vorbei am Whiskystädtchen **Bowmore,** und endet zunächst in Port Charlotte, wo man das Wildlife Information Centre mit einem kleinen Aquarium besuchen kann.

Von Port Charlotte geht es am nächsten Tag nach **Port Askaig,** von wo die Feolin Ferry in knapp zehn Minuten nach ***Jura** › **S. 105** übersetzt. Die Insel hat lediglich 250 Einwohner und ist besonders bei Rotwildjägern beliebt. Die Fahrt führt durch den Hauptort der Insel, **Craighouse,** in dem sich das gesamte gesellschaftliche Leben von Jura abspielt. Hier arbeitet auch die Isle of Jura Distillery (www.jurawhisky.com). Eine schmale Straße führt in den abgeschiedenen Norden der Insel. Übernachten kann man nur in Craighouse.

Am dritten Tag geht es mit der Jura Ferry zurück nach Port Askaig und von dort mit der »CalMac-Fähre« wieder aufs Festland nach Kennacraig.

Tour 10 Die Insel Mull und Schottlands schönste Straße

Tour-Übersicht:

Verlauf: **Oban › Craignure (Isle of Mull) › Fionnphort › Iona › Fionnphort › Tobermory › Lochaline › Strontian › Castle Tioram › Mallaig › Glenfinnan › Fort William**

Dauer: 4 Tage

Praktische Hinweise:

- Autos von Touristen sind auf Iona nicht zugelassen, daher kann man die Insel nur zu Fuß oder mit dem Fahrrad besuchen.

Tour-Start:

Ein herrliches Fotomotiv bietet das trutzige **Duart Castle** schon bei der ca. 45-minütigen Überfahrt von **Oban** › **S. 106** zur ***Isle of Mull** › **S. 107**. Die Inselrundfahrt beginnt

Duart Castle auf der Insel Mull

Inverness
Rhum
Hebriden
Mallaig
Arisaig
Prince Charlie's Cairn
Cleadale
Eigg
Lochailort
Road to the Isles
Loch nan Uamh
Glenfinnan
Kinlocheil
Corpach
Spean Bridge
Ben Nevis ▲1344
Fort William
Moidart
Castle Tioram
Sanna Bay
Kilmory
Portuairk
Ardnamurchan Point
Glennborrodale Castle
Salen
Strontian
Onich
Sorisdale
Loch Sunart
Glencoe
Ballachulish
Glen Coe
Arinagour
Tobermory
Morvern
Loch Linnhe
Bridge of Orchy
Glen Etive
Portnacroish
Ensay
Dervaig
Lochaline
Sound of Mull
Port Appin
Treshnish Isles
Fishnish
Lismore
Loch Etive
Glen Orchy
Craignure
Ulva
Staffa
Ben More ▲967
Torosay Castle
Duart Castle
Connel
Oban
Lochawe
Tyndrum
Dalmally
Kilchurn Castle
Loch Lomond
Mull
Kerrera
Kilchrenan
Fionnphort
Loch Scridain
Iona
Lochbuie
Bunessan
Carsaig
Firth of Lorn
Loch Awe
Argyll
Inveraray
Tarbet
Auchindrain
Auchindrain Highland Township
Crarae
Crarae Gardens
Loch Lomond & The Trossachs Nat. Park
Kilmartin
Newton
Colonsay
Scalasaig
Garelochhead
Ardlussa
Lochgilphead
Loch Fyne
Tayvallich
Otter Ferry
Ardrishaig
Greenock
Dunoon
Gourock
Glasgow
Kilmory
Jura
Knapdale
Millhouse
Skelmorlie
Port Askaig
Sanaigmore
Feolin Ferry
Craighouse
Tarbert
Bute
Rothesay
Kennacraig
Victorian Fernery
Largs
Rhinns of Islay
Bowmore
Claonaig
Millport
Port Charlotte
Islay
Ardtalla
West Kilbride
Portnahaven
Port Ellen
Ardrossan
Irvine
Kintyre
Arran
Carradale
Brodick
Firth of Clyde
Machrihanish
Campbeltown
Southend
Mull of Kintyre
Girvan
N
0 20 Meilen
0 20 Kilometer

mit einem kurzen Trip zum **Torosay Castle** › **S. 107**, dessen wunderschöne Gartenanlage zu einem Spaziergang einlädt. Von dort führt die A 849 in westlicher Richtung durch menschenleere Landschaft. Schöne Wandermöglichkeiten bei **Lochbuie** verlocken zu einem Abstecher an die Küste. Ein anspruchsvoller Ausflug ist die 9 km lange Wanderung vom Pier in Carsaig zur großen Höhle Nun's Cave.

Die Tour folgt der Straße am Loch Scridain vorbei zum Hafen von **Fionnphort** › **S. 107**. Nur zehn Minuten dauert die Fahrt zur Insel ****Iona** › **S. 108**, wo die Missionierung der Pikten durch den hl. Columba ihren Anfang nahm.

Auf der nächsten Etappe geht es von Fionnphort zunächst wieder zurück am Loch Scridain entlang, dann aber nordwestlich am Massiv des kahlen Ben More und an der Privatinsel Ulva vorbei. Immer weiter längs der Westküste kommt man durch die Orte Ensay und Dervaig und schließlich in die Inselhauptstadt **Tobermory** › **S. 107**, dem Tagesziel, das mit seinen bunten Häusern ein hübsches Bild vermittelt.

Am nächsten Tag führt die Route entlang dem Sound of Mull zum kleinen Fährhafen von Fishnish, wo man in nur 15 Minuten nach **Lochaline** › **S. 109** auf der Halbinsel Morvern übersetzt. Durch Hochlandtäler geht es nordwärts bis zum Loch Sunart, wo als erster größerer Ort **Strontian** › **S. 109** erreicht wird, dessen Name nicht von ungefähr an radioaktive Isotope erinnert. Immer am Ufer von Loch Sunart entlang, gelangt man schließlich zur Ruine des majestätischen **Castle Tioram** › **S. 109**. Ziel des dritten Tages ist die Stadt **Mallaig** › **S. 109**, auch Ausgangspunkt für die Überfahrt auf die Insel Skye › **S. 120**.

Den letzten Tag dieser Tour krönt die Fahrt auf wohl einer der schönsten Panoramastraßen Schottlands, der ****Road to the Isles** › **S. 110**. Die Straße führt am Loch Eilt vorbei bis zum **Glenfinnan-Monument** › **S. 110**, wo Bonnie Prince Charlie 1745 die Clans zu den Waffen gerufen hatte. Die Säule des Denkmals kann bestiegen werden und eröffnet einen grandiosen Blick auf den Loch Shiel. Weiter geht es durch unbewohnte Gegend am Loch Eil vorbei, der bei **Fort William** › **S. 110** in den Loch Linnhe mündet. Bei schönem Wetter kann man von hier den **Ben Nevis** › **S. 110** sehen, Großbritanniens höchsten Berg. In Fort William, dem touristischen Zentrum der Region endet die mit landschaftlichen Highlights gespickte Reise.

Touren im Westen

Tour 9 Islay und Jura

Tarbert › Kennacraig › Port Ellen (Islay) › Port Askaig › Jura › Port Askaig › Kennacraig

Tour 10 Die Insel Mull und Schottlands schönste Straße

Oban › Craignure (Isle of Mull) › Fionnphort › Iona › Fionnphort › Tobermory › Lochaline › Strontian › Castle Tioram › Mallaig › Glenfinnan › Fort William

› Karte S. 102

Unterwegs im Westen

Inveraray und Loch Awe

Am Nordwestufer von Loch Fyne liegt das im 18. Jh. angelegte hübsche **Inveraray** 1 mit seinem ungefähr zur gleichen Zeit entstandenen **Castle,** das ein herrlicher Park umgibt. Der üppig ausgestattete Herrensitz birgt eine Gemäldesammlung mit Werken u. a. von Gainsborough, Ramsay und Raeburn (April–Okt. tgl. 10–17.45 Uhr; www.inveraray-castle.com).

Im **Inveraray Jail** kann man nachvollziehen, wie es den Gefangenen einst erging; Schauspieler stecken den einen oder anderen Besucher ins Kittchen (tgl. April–Okt. 9.30 bis 18, Nov.–März 10–17 Uhr; www.inverarayjail.co.uk).

Erst-! klassig

Nördlich von Inveraray steht **Kilchurn Castle** 2, eine romantische Festung aus dem 15. Jh., am Ufer von **Loch Awe.** Es lohnt sich, den bezaubernd gelegenen See, mit 39 km der längste Schottlands, einmal ganz zu umrunden. Angler lieben ihn wegen seines reichen Forellenbestands, auch Lachse ziehen den Loch hoch. Auf den Inseln im See sieht man weitere Burgruinen.

Info

Inveraray Information Centre

- Front Street
- Inveraray | PA32 8UY
- Tel. 01499/302 063
- www.inveraray-argyll.com

Kintyre

Tarbert 3

Der kleine Ort mit seinem entzückenden Hafen, den bunten Häusern und den Ruinen einer Burg von Robert Bruce bildet das Tor zur weit nach Süden ragenden, landschaftlichen reizvollen **Halbinsel Kintyre.** Segler steuern Tarbert gern wegen seiner guten Infrastruktur an. Man sollte hier bleiben, wenn man die Überfahrt nach Islay plant, denn der Fährhafen **Kennacraig** hat touristisch wenig zu bieten.

Info

Tarbert Information Centre

- Harbour Street
- Tarbert | PA29 6UD
- Tel. 01880/820 419
- www.tarbertlochfyne.com

Hotel

Stonefield Castle Hotel ●●●

Der neobaroniale Bau 3 km außerhalb von Tarbert mit seinem üppigen Garten lässt keine Wünsche offen.

- Tel. 01422/323 200
- www.celticcastles.com/castles/stonefield/index.htm

Campbeltown 4

Die Stadt im Süden von Kintyre hat sich weitgehend ihren viktorianischen Charakter erhalten. Zum Verweilen lädt der Linda McCartney Memorial Garden ein – Paul McCartneys verstorbene Frau lebte lange als Fotografin hier.

Die Laphroaig Distillery auf Islay

Weiter nach Süden führt die Straße bis zur Landspitze am **Mull of Kintyre**, wo man bei guter Sicht das nur 20 km entfernte Nordirland erspähen kann.

*Islay und *Jura

Allein schon die Kostproben der Whisky-Brennereien › **S. 40** auf der Insel sind die Reise nach **Islay** 5 wert. Von der Hauptstraße nach Bowmore zweigt ein Fahrweg nach **Kintra** ab, wo ein hübscher Campingplatz mit einem anständigen Pub/Hotel nebenan sowie ein 8 km langer feinsandiger Strand warten. Der Golfplatz in den Dünen gilt als besondere Herausforderung.

Erst-klassig

Im Westen von Islay, auf der Halbinsel **Rhinns of Islay** liegt der malerische Ort **Port Charlotte** mit dem Museum of Islay Life (April bis Sept., Tel. 01496/850 358).

Islay weist eine ganze Reihe vor- und frühgeschichtlicher Stätten auf, darunter auch den Steinkreis von Cultoon im Süden der Rhinns und mehrere keltische Kreuze; eines davon steht bei der Kirche von Kilchoman.

Die einzige Straße von **Jura** 6 umrundet die Gebirgslandschaft der Paps of Jura und schlängelt sich die Ostküste entlang nach Norden. Auf der mit rund 368 km^2 recht großen Insel trifft man kaum einen Menschen. In Barnhill, einem abgeschiedenen Farmhaus im Norden, schrieb George Orwell 1947/48 an seinem Roman »1984«. Das Haus ist allerdings nicht zugänglich.

Info

Bowmore Information Centre

- The Square | Bowmore | PA43 7JP
- Tel. 01496/810 254
- www.islayInfo.com

Verkehr

- Die CalMac-Fähre nach Islay steuert von Kennacraig aus je zweimal täglich das im Norden gelegene Port Askaig sowie Port Ellen im Süden an. Die Überfahrt dauert 2 Std. 15 Min.
- Nach Jura setzt man in ca. 10 Min. von Port Askaig nach Feolin über (www.islayinfo.com/jura-ferry.html).

Hotels

Port Charlotte Hotel ●●●
Empfehlenswertes Haus in Panoramalage mit guter Küche.
- Port Charlotte | Islay | PA48 7TU
- Tel. 01496/850 360
- www.portcharlottehotel.co.uk

The Port Askaig Hotel ●●●
Attraktives Hotel am Hafen mit Restaurant und Pub, wo es auch Livemusik gibt.
- Port Askaig | Islay | PA46 7RD
- Tel. 01496/840 245
- www.portaskaig.co.uk

Jura Hotel ●●
Im einzigen Hotel der Insel Jura spielt sich auch weitgehend das gesamte Inselleben ab.
- Craighouse | Isle of Jura | PA60 7XU
- Tel. 01496/820 243
- www.jurahotel.co.uk

Restaurant

Harbour Inn ●●●
Am Hafen gelegenes ausgezeichnetes Spezialitäten-Restaurant mit einem reichlichen Whiskyangebot. Reservierung erforderlich.
- Bowmore | Islay | PA43 7JR
- Tel. 01496/810 330
- www.harbour-inn.com

Oban 7

Der Ort bildet quasi das Tor zu den Hebriden. Von hier legen die Fähren nach Mull, Barra, South Uist und Colonsay sowie zu den näher gelegenen Inseln Kerrera und Lismore ab, daneben ist das Hafenstädtchen Touristenzentrum für ganz Argyll. Auch die ländliche Bevölkerung der Region tätigt hier ihre Einkäufe.

Auf der Anhöhe hinter dem Hafen steht **McCaig's Tower,** der auf den ersten Blick an das Kolosseum von Rom erinnert. Der Bankier John Stuart McCaig ließ das Gebäude um 1897 als eine Art Arbeitsbeschaffungsmaßnahme für die einheimische Bevölkerung errichten. Es wurde nie vollendet, doch die Aussicht über die Oban Bay nach Mull lohnt den Aufstieg.

Info

Oban Information Centre
- 3 North Pier | Oban | PA34 5QD
- Tel. 01631/563 122
- www.oban.org.uk

Hotels

Manor House ●●●
Hier nächtigten schon die Grafen von Argyll. Den exzellenten Ruf verdankt das Haus auch seiner Küche.
- Gallanach Road | PA34 4LS
- Tel. 01631/562 087
- www.manorhouseoban.com

Beechgrove ●●
B & B in einer ruhig gelegenen viktorianischen Villa hoch über der Stadt. Einige Zimmer mit Meerblick.
- Croft Road | PA34 5JL
- Tel. 01631/566 111
- www.obanbedandbreakfast.co.uk

Aktivitäten

Corryvreckan Cruising Ltd.
Unter fachkundiger Anleitung kann man auf der schnittigen 20-m-Ketch Corryvreckan mehrere Tage segeln. An Bord wird man fürstlich versorgt.

- P.O. Box 9657 | Oban
- Tel. 0845/260 2677
- www.corryvreckan.co.uk

Lismore 8

Empfehlenswerte Ziele auf der Insel im Loch Linnhe sind der **Broch** (Rundturm) bei Tirefour aus den ersten nachchristlichen Jahrhunderten und die Ruine von **Achadun Castle,** ein ehemaliger Bischofspalast an der Südwestküste – die Insel war 1200–1507 Sitz der Diözese Argyll. Man kann noch die Reste der ehemaligen Kathedrale besichtigen.

Fährverbindung

- Von Oban tgl. 2- bis 5-mal, ca. 50 Min.
- Von Port Appin tgl. durchgehend bis abends, ca. 10 Min., nur Fußgänger und Radfahrer.
- www.calmac.co.uk.

Mull und seine Inselwelt

*Isle of Mull 9

Von Oban aus erreicht man Mull problemlos mit der CalMac-Fähre, vorbei am eindrucksvoll auf einem Landvorsprung gelegenen **Duart Castle** – seit dem 14. Jh. mit Unterbrechungen Sitz der Chiefs des Clan MacLean (Mai–18. Okt. tgl. 10.30 bis 17 Uhr; www.duartcastle.com).

Wo früher eine Schmalspurbahn Besucher zum **Torosay Castle** brachte, muss man heute die kurze Strecke vom Pier zum Schloss mit dem Auto zurücklegen. Das Schloss inmitten schöner Gärten mit Terrassen und Statuen steht zum Verkauf und ist geschlossen, die Gärten öffnen bislang noch tgl. 9–16 Uhr (www.isle-of-mull.net).

Erst-klassig

Von Torosay Castle führt die A 849 in westlicher Richtung vorbei am Loch Scridain zum rund 70 Einwohner zählenden Ort **Fionnphort,** von wo die Fähren nach Iona und Staffa ablegen.

Hauptort auf Mull ist **Tobermory** im Nordwesten, eine von mehreren Ansiedlungen, die im 18. Jh. von der »British Fisheries Society« als Fischereihäfen aus dem Boden gestampft wurden. Die bunten Fassaden der Häuser an der Uferstraße verleihen dem Ort dennoch eine fröhliche Atmosphäre. Freizeitkapitäne schätzen den sicheren Hafen als Ankerplatz.

Info

Mull Information Centre

- Ledaig Car Park
- Tobermory | PA75 6NR
- Tel. 01688/875
- www.tobermory.co.uk

Fährverbindung

- Oban–Craignure ca. 45 Min., Mo–Sa 6- bis 8-mal, So 3- bis 5-mal, Anschluss an die Züge von Glasgow.

Hotels

The Tobermory Hotel ●●

18 individuelle Zimmer unterschiedlicher Größe finden sich in dem 300 Jahre alten Fischerhäuschen; bekannt gute Küche.

- Main Street | Tobermory | PA75 6NT
- Tel. 01688/302 091
- www.thetobermoryhotel.com

› Karte S. 102

Die um 1500 auf der Insel Iona errichtete Kathedrale

Seaview ●●
Ausgezeichnetes B & B, im typischen Stil der Insel aus rosa Granit erbaut.

- Fionnphort | PA66 6BL
- Tel./Fax 01681/700 235
- www.seaview-mull.co.uk

Restaurant

Tobermory's Fish & Chip Van ●
Auch wenn es an diesem Imbissstand keine Sitzplätze gibt: Der Fisch kommt fangfrisch vom Boot direkt in die Fritteuse. Als Spezialität gelten die frischen Jakobsmuscheln. Selbst Prince Charles hat sich von der Qualität überzeugen lassen.

Erst-! klassig

- Fischermens Pier
- Tobermory
- www.tobermoryfishandchipvan.co.uk

Nightlife

Mishnish Hotel ●●
Das Hotel hat die beste Bar weit und breit; an Sommerwochenenden wird Livemusik gespielt.

- Main Street | Tobermory
- Tel. 01688/302 009
- www.mishnish.co.uk

**Iona 10

Die Insel ist weltweit berühmt als Wiege des schottischen Christentums: Hierher kam der hl. Columba anno 563 mit seinen irischen Mönchen, um die Pikten zu bekehren. In späteren Jahrhunderten überfielen die Wikinger die Insel mehrmals, doch erst die Enteignung der katholischen Besitzungen im 16. Jh. brachte das Ende für das Kloster.

Von den erhaltenen Gebäuden ist die **Kathedrale** bei Weitem das größte. Die meisten dieser Bauten waren zu Beginn des letzten Jahrhunderts stark verfallen, ehe die 1938 von Dr. George Macleod gegründete »Iona Community« sie hingebungsvoll restaurierte. Der Friedhof hat für Schotten eine große symbolische Bedeutung: Er war bis ins 11. Jh.

Begräbnisstätte der schottischen Königsgeschlechter; neben sieben norwegischen und vier irischen Königen sollen hier 48 schottische Herrscher bestattet sein, u.a. auch der von Macbeth erschlagene König Duncan (April–Sept. tgl. 9.30 bis 17.30, sonst bis 16.30 Uhr; www.historic-scotland.gov.uk).

Da Iona im Sommer völlig überlaufen ist, sollte man gleich die erste Morgenfähre nehmen (Mo–Sa 8.15, So 8.45, im Winter Mo–Sa 8.45 Uhr, Tel. 0800/066 5000).

Hotel

Argyll Hotel ●●
Kleines behagliches Hotel, ideal, um das Flair des Ortes zu genießen.
- Isle of Iona | PA76 6SJ
- Tel. 01681/700 334
- www.argyllhoteliona.co.uk

**Staffa 11

Von den Anlegestellen auf Iona und in Fionnphort werden Bootstouren zur Insel mit ihren imposanten Basaltsäulen und der als **Fingal's Cave** bekannten Höhle angeboten. Wer mag, kann sich unterwegs Mendelssohns Opus 26 (»Die Fingalshöhle«) auf dem MP3-Player anhören und Theodor Fontanes Inselbeschreibung in »Jenseit (sic!) des Tweed« lesen – nicht ohne sich Fontanes Warnung zu Herzen zu nehmen: »Die Zahl der Seekranken wuchs.«

Morvern

Die Halbinsel Morvern ist der südwestlichste Punkt des schottischen Hochlands. Hauptort ist das schön über dem Sound of Mull gelegene **Lochaline 12**, von dem die Fähre nach Fishnish auf Mull geht. Das Städtchen ist Ausgangspunkt für Touren in die dünn besiedelte Region mit ihrer unberührten Natur.

Der größte Ort auf Morvern heißt **Strontian 13**. In den hiesigen Bleiminen wurde im 18. Jh. ein neues Mineral entdeckt, aus dem das Element Strontium isoliert wurde. Zu Anfang des 20. Jhs. wurden die Stollen allerdings geschlossen.

Castle Tioram 14

Die Burgruine aus dem 14. Jh. liegt im Tidenbereich des kleinen Loch Moidart. Bei Ebbe wirkt die Burg im feucht schimmernden Schlick märchenhaft verwunschen, bei Flut ragt sie majestätisch aus dem Wasser empor.

Mallaig 15

Das kleine, lebhafte Fischerdorf mit Fährhafen ist vor allem bekannt als Endstation des **Jacobite Steam Train,** der von Fort William hierher verkehrt. Berühmtheit erlangte dieser Zug durch die Harry-Potter-Filme als »Hogwarts Express«. Auch der Bahnhof diente als Kulisse. Von Mallaig geht die Fähre zur Isle of Skye › **S. 120**.

Hotel

Seaview Guesthouse ●●
Familiär geführtes, gemütliches B&B.
- Main Street | PH41 4QS
- Tel. 01687/462 059
- www.seaviewguesthousemallaig.com

Glenfinnan 16

An diesem geschichtsträchtigen Ort war Bonnie Prince Charlie im Juli 1745 an Land gegangen, um die Clans zu seinen Fahnen zu rufen. Diese Stelle markiert eine begehbare Gedenksäule; von oben schweift der Blick über den eindrucksvollen Loch Shiel (April–Juni, Sept., Okt. 10–17, Juli–Aug. 9.30 bis 17.30 Uhr; www.nts.org.uk). Dass das Tal von Glenaladale 1745 immerhin 100 Mann in den Kampf entsenden konnte, während es heute völlig unbewohnt ist, verdeutlicht das weitere Schicksal der Region.

Fort William und Ben Nevis

Ehemals eine Garnison der Londoner Regierungstruppen, steht **Fort William** 17 heute ganz und gar der Touristeninvasion offen. Der Ort ist Regionalzentrum, Verkehrsknotenpunkt – und Ausgangspunkt zur Besteigung des höchsten Bergs in Großbritannien, des **Ben Nevis** (1344 m).

Wer den Ben Nevis besteigen möchte, sollte sich auf die unzuverlässigen Wetterverhältnisse auf der rund 18 km langen Strecke hin und zurück einstellen und nur mit geeigneter Ausrüstung starten. Der Gipfel belohnt bei schönem Wetter jedoch den anstrengenden Aufstieg mit einer grandiosen Aussicht. In der Hauptsaison kann es allerdings ziemlich voll werden.

Anschaulich präsentiert das **West Highland Museum** am Cameron Square in Fort William die wechselhafte Geschichte der Region (März, Nov.–Dez. Mo–Sa 10–16, April bis Okt. Mo–Sa 10–17 Uhr. Jan./Febr. geschl., www.westhighlandmuseum.org.uk).

SEITENBLICK

8

**Road to the Isles

Eine der schönsten Straßen in Schottland ist wohl die »Straße zu den Inseln«, die von Fort Wiilliam über die Küste von Loch Eilt und das Glenfinnan-Monument bis nach Mallaig führt. Sandstrände, traumhafte Ausblicke, kleine Buchten, wunderbare Badestrände und Rhododendronwälder säumen diese Traumstraße.

Der schönste Streckenabschnitt beginnt am Loch Eilt, wo sich bewaldete Berge an den Ufern erheben und kleine, mit Kiefern bewachsene Inseln den See bedecken. Hinter Lochailort säumen Eichen- und Birkenwälder den Weg nach Arisaig. Von dort ziehen sich bis Morar die schönsten Strände Schottlands hin, die zu Recht den Namen Silver Sands of Morar tragen und Blicke auf die Inseln Rum und Eigg freigeben.

Wer die Strecke nicht im eigenen Auto zurücklegen möchte, kann auf den Jacobite Train › **S. 109** umsteigen, dessen Streckenführung teilweise parallel zur Autostraße führt. Die Trasse wurde 2009 vom renommierten britischen Reisemagazin *Wanderlust* zur weltweit schönsten Bahnstrecke gewählt.

Info

Fort William Information Centre
- 15 High Street
- Fort William | PH33 6DH
- Tel. 01397/701 801
- www.visit-fortwilliam.co.uk
- www.visithighlands.com

Hotel

Crolinnhe Bed & Breakfast ●●●
Das viktorianische Gästehaus auf einer Anhöhe bietet einen weiten Blick über Loch Linnhe.
- Grange Rd. | PH33 6JP
- Tel. 01397/703 759
- www.crolinnhe.co.uk

Restaurant

Crannog ●●
Exzellentes Seafood-Restaurant am Pier mit Blick auf den Loch Linnhe.
- Town Pier | PH33 6DB
- Tel. 01397/705 589
- www.crannog.net

Aktivitäten

Snowgoose Mountain Centre
Angeboten werden geführte Bergtouren und Kanufahrten in den Highlands, von einfach bis zur ernsthaften Herausforderung.
- Station Rd. Corpach/Fort William
- Tel./Fax 01397/772 467
- www.highland-mountain-guides.co.uk

Jacobite Steam Train
› S. 120
Mitte Mai–Ende Okt. Mo–Fr, tgl. eine Fahrt, Ende Juni–Ende Sept. auch Sa, So, Juni–Aug. 2 Touren Mo–Fr, Rückfahrticket £ 33.
- Tom-na-Faire | Station Square
- www.westcoastrailways.co.uk

**Glen Coe 18

9

Am Eingang zu einer der eindrucksvollsten, dramatischsten und wildromantischsten Landschaften ganz Schottlands, dem Glen (= Tal) Coe, liegt das Dorf Glencoe. Die Park- und Campingplätze, Besucherzentren usw. können dem Tal seine wuchtige Majestät nicht nehmen. Im Herzen der Schotten spielt dieses Tal eine besondere Rolle (› **Seitenblick unten**). Das **Visitor Centre** des National Trust bringt die Landschaft und ihre Geschichte nahe (Ostern–Okt. tgl. 9.30–17.30, Nov. bis März Do–So 10–16 Uhr, www.glencoe-nts.org.uk).

SEITENBLICK

Das Massaker im Glen Coe

Im Februar 1692 trafen Truppen unter Führung von Robert Campbell of Glenlyon im Glen Coe bei den hiesigen MacDonalds ein und baten unter einem Vorwand um Aufnahme. Die Regierung in London hatte befohlen, an diesem mächtigen und aufsässigen Highland-Clan ein Exempel zu statuieren, und so erhoben sich Campbells Soldaten eines Morgens und töteten 38 Talbewohner, denen es nicht mehr gelang, mit Ihren Verwandten in die Berge zu fliehen. Dieser Vorfall schuf viel böses Blut zwischen den MacDonalds und den Campbells und schürte das Misstrauen der Clans gegen die Zentralregierung – viele Highlander begriffen die 23 Jahre später einsetzenden Jakobitenaufstände auch als Rache für Glen Coe.

Highlands & Islands

Das Beste!

- An den Stränden von Harris vor türkisfarbenem Meer tief durchatmen › S. 125
- Bird Watching auf Handa Island › S. 130
- Bei einem Cèilidh im Pub mittanzen, z. B. in Flodigarry auf Skye › S. 122
- Besuch der Smoo Cave bei Durness › S. 131
- Wanderung am Traumstrand von Sandwood Bay › S. 131

› Karte
S. 114

An die Highlands kann man wahrhaftig sein Herz verlieren – sie sind das Schottland der Träume, mit Burgen, Bergen und Seen. Einzigartig sind auch die Hebriden mit ihrer landschaftlichen Schönheit und den z.T. noch lebendigen gälischen Traditionen.

Die Insel Skye gilt als die schönste der Hebrideninseln mit ihrer dramatischen Bergwelt der Cuillins, der zauberhaften Natur und den weit ins Land greifenden Buchten. Die Infrastruktur ist durch die leichte Zugänglichkeit über die Skye Bridge sehr gut.

Die Äußeren Hebrideninseln Harris und Lewis, North Uist, Benbecula und South Uist sowie Barra sind fast ein Urlaubsziel für sich, nicht nur wegen der Anreise, sondern auch aufgrund ihres eigenständigen Charakters. Vom Großteil des schottischen Festlands unterscheiden sie sich durch Sprache und Landschaft. Alle Straßenschilder sind gälisch beschriftet, und sonntags kommt das Inselleben zum Stillstand.

An der wilden Atlantikküste im Westen trifft man abseits der Hauptverkehrswege manchmal stundenlang auf keine bewohnte Behausung. Fjordartige Lochs dringen tief ins Land ein, und zusammen mit den zahllosen Süßwasserseen lassen sie manchmal den Eindruck aufkommen, das Land dazwischen sei eigentlich nur geduldet. Doch dann erhebt sich wieder ein massiver Felskegel wie der Suilven. Burgen und Schlösser machen sich hier rar.

The Old Man of Storr, Isle of Skye

Der Strand Tràigh Mheilein im Westen von Harris, gegenüber der kleinen Insel Scarp

Die Nordküste zwischen Cape Wrath und John o' Groats gehört zum Spektakulärsten, was man in Europa zu sehen bekommt. Die Hauptstraße entfernt sich immer wieder von der Küste, und man müsste in jede Nebenstraße zur Linken einbiegen, um keine der einsamen Buchten und hoch aufragenden Felstürme zu verpassen.

Inverness, die Hauptstadt der Highlands, besticht durch ihren viktorianischen Charakter, den fein herausgeputzten Häusern. Von hier aus lassen sich zahlreiche kurze Ausflüge unternehmen, die zu weiten Sandstränden, geschichtsträchtigen Orten, prachtvollen Burgen – oder auch zum Ungeheuer von Loch Ness führen.

Touren in den Highlands & Islands

Tour 11 Rundtour auf der Isle of Skye

Mallaig › Armadale (Skye) › Dunvegan › Portree › Kyle of Lochalsh › Plockton

Tour 12 Die Äußeren Hebrideninseln Lewis und Harris

Portree (Skye) › Tarbert (Harris) › Stornoway (Lewis) › Ullapool › Inverness

Tour 13 Von Plockton nach Ullapool

Plockton › Applecross › Shieldaig › Kinlochewe › Gairloch › Ullapool

Tour 14 An der Küste von Ullapool nach Inverness

Ullapool › Achiltibuie › Lochinver › Durness › Bettyhill › Thurso › John o' Groats › Wick › Helmsdale › Dornoch › Tain › Cromarty › Inverness

Touren in der Region

Tour 11 Rundtour auf der Isle of Skye

Tour-Übersicht:

Verlauf: **Mallaig › Armadale (Skye) › Dunvegan › Portree › Kyle of Lochalsh › Plockton**

Dauer: 2 Tage

Praktische Hinweise:

- Auf Skye gibt es lediglich in Portree und Broadford Banken mit Geldautomaten, außerdem befindet sich in der Touristeninformation in Portree eine Wechselstube.

Tour-Start:

Die Fähre von CalMac verbindet die Hafenstadt **Mallaig** › **S. 109** in 30 Minuten mit Armadale auf der Halbinsel Sleat. Dieser südöstliche Teil der Insel ****Skye** › **S. 120** wird mit seinen Wäldern, üppig blühenden Rhododendren und den prächtigen Gärten des Armadale Castle auch der Garten von Skye genannt. Das Gebiet gehört noch immer dem Macdonald-Clan, über dessen Geschichte man im **Clan Donald Centre** › **S. 120** einiges erfahren kann.

Man sollte auf der Weiterfahrt Richtung Norden einen Abstecher nach **Elgol** › **S. 120** machen, um einen Blick auf die Inseln Rum und Canna zu werfen. Vorbei an den imposanten, bis zu 1000 m hohen ****Cuillin Hills** › **S. 120**, einem anspruchsvollen Wandergebiet, kann man bei der Brennerei von **Talisker** › **S. 120** einen Stopp einlegen. Kenner schätzen deren Whisky wegen seines typisch torfig-rauchigen Geschmacks.

Die Hauptstraße führt schließlich zum ***Dunvegan Castle** › **S. 121**, das seit mehr als 700 Jahren im Besitz des MacLeod-Clans ist. Vom kleinen Bootsanleger am Schloss bringen Boote Besucher zu den vorgelagerten Seehundfelsen.

Der erste Teil der Rundfahrt endet im Hauptort von Skye, dem lebhaften und hübschen Städtchen **Portree** › **S. 121**, dessen bunt bemalte Häuser und Cafés am Hafen zum Verweilen über Nacht, wenn nicht sogar zu einem längeren Aufenthalt einladen.

Der nächste Tag beginnt mit einer Rundfahrt nördlich der Inselhauptstadt zu einigen unvergleichlichen Naturdenkmälern wie dem **Kilt Rock** › **S. 122**, dessen Name sich beim Anblick schnell erschließt, oder der bizarren Felsenformation des **Old Man of Storr** › **S. 122**.

Zurückgekehrt nach Portree, kommt man im weiteren Verlauf in südwestlicher Richtung zur Skye Bridge bei Kyleakin, die über eine Länge von 500 m die Insel mit **Kyle of Lochalsh** › **S. 127** auf dem Festland verbindet.

Eine schmale Straße führt schließlich nach **Plockton** › **S. 127** mit seiner schönen Strandpromenade und den geschmackvollen Cottages, wo die Tour endet.

Teilansicht des über 5000 Jahre alten Steinkreises von Callanish

Tour 12 Die Äußeren Hebrideninseln Lewis und Harris

Tour-Übersicht:

Verlauf: **Portree (Skye) › Tarbert (Harris) › Stornoway (Lewis) › Ullapool › Inverness**

Dauer: 3 Tage

Praktische Hinweise:

- Auf der Doppelinsel Lewis und Harris wird noch streng auf die Einhaltung der Sonntagsruhe geachtet – nicht nur Museen und Geschäfte sind geschlossen, sondern auch die meisten Lokale und Tankstellen.
- Auch einige B & Bs nehmen sonntags keine neuen Gäste auf. Vor der Reise auf die Inseln ist also eine genaue Planung empfehlenswert.

Tour-Start:

Die Rundreise beginnt in **Portree** › **S. 121** auf Skye und führt über den Fährhafen **Uig** › **S. 123** nach **Tarbert** › **S. 125** auf Harris. Harris ist nicht nur ihren Tweed berühmt, es bezaubern auch die weiten Sandstrände und das türkisfarbene Meer. Die Fahrt nach Norden führt an bis zu 800 m hohen Bergen vorbei, die Harris von Lewis trennen – geographisch handelt es sich um eine einzige Insel; der nördlichere, flachere Teil ist Lewis. Deren Hauptstadt **Stornoway** › **S. 123** ist ein ansehnlicher Ort und wichtiger Fischereihafen. Der Park rund um Lews Castle – heute ein College – lädt zum Spaziergang ein. In Stornoway endet der erste Teil der Inseltour.

Anderntags, auf dem Weg zur Westküste durch eine Art Mondlandschaft, passiert man bei Arnol das **Black House Museum** › **S. 124**, ein mit Torffeuer beheiztes Haus ohne Kamin. Die Straße führt schließlich zur Hauptattraktion der Insel, den ****Standing Stones of Callanish** › **S. 124**, eine Megalith-Formation, die zu den bedeutendsten in Europa zählt. Abends nimmt man in Stornoway wieder Quartier.

Am nächsten Tag bringt einen die Fähre von CalMac in knapp drei

Stunden aufs Festland in den lebendigen Ort **Ullapool** › S. 129, der mit seinen adretten Häuschen durchaus fotogen ist. In dem 1788 gegründeten Ort liegen riesige Fischfrachter und zahlreiche Jachten vor Anker. Wer genug Zeit hat, sollte von hier einen Ausflug auf die **Summer Isles** › S. 129 unternehmen. Weiter geht die Tour durch dichte Wälder und vorbei an zahlreichen, einsam gelegenen Lochs, bis schließlich **Inverness** › S. 136 erreicht ist. In der größten Stadt der Highlands, die auch Verwaltungszentrum der Region ist und zahlreiche Übernachtungsmöglichkeiten bietet, endet die Reise.

Tour 13 Von Plockton nach Ullapool

Tour-Übersicht:

Verlauf: **Plockton › Applecross › Shieldaig › Kinlochewe › Gairloch › Ullapool**

Dauer: 2 Tage

Praktische Hinweise:

- Für diese Tour sollte man sich viel Zeit nehmen, denn die Strecke führt vielfach über kleine Nebenstraßen und bietet zahlreiche Fotostopps.

Tour-Start:

Bevor es von **Plockton** › S. 127 nach Norden geht, sollte man einen Abstecher zum ***Eilean Donan Castle** › S. 127 machen, einem wahren Postkartenmotiv. Wer Zeit hat, nimmt danach die einzige Straße auf der Halbinsel Applecross. Sie führt durch den Ort **Applecross** › S. 127 an der Küste entlang und eröffnet wunderbare Ausblicke auf die Inseln Rona und Raasay. Schneller geht es durchs Landesinnere direkt nach **Shieldaig** › S. 127, Ausgangspunkt für Wanderungen in die Region Torridon. Durch faszinierende Bergwelt führt die Straße dann nach **Kinlochewe** › S. 128 mit einer Unterkunft mitten in der Natur für die erste Nacht.

Nördlich von Kinlochewe informiert das Visitor Centre des **Beinn Eighe National Nature Reserve** › S. 128 über Britanniens ältestes Naturschutzgebiet. Entlang von Loch Maree, der Schottlands schönster See sein soll, geht es weiter in den ansehnlichen Touristenort **Gairloch** › S. 128, dessen informatives Heritage Museum einen Besuch lohnt. Vor der Weiterfahrt nach **Ullapool** › S. 129 darf ein Besuch des ***Inverewe Garden** › S. 128 am Loch Ewe nicht fehlen. Nach einem letzten Stück entlang der zauberhaften Küste endet diese reizvolle Tour schließlich in Ullapool.

Tour 14 An der Küste von Ullapool nach Inverness

Tour-Übersicht:

Verlauf: **Ullapool › Achiltibuie › Lochinver › Durness › Bettyhill › Thurso › John o' Groats › Wick › Helmsdale › Dornoch › Tain › Cromarty › Inverness**

Dauer: 4 Tage

Praktische Hinweise:

- Die Region ist nicht nur dünn besiedelt, es gibt auch wenige Tankstellen. Daher empfiehlt es sich, vorher vollzutanken und einen Reservekanister mitzuführen.

Tour-Start:

Die Tour in den einsamen Norden Schottlands beginnt in dem quirligen Städtchen **Ullapool** › S. 129 und führt zunächst nach ***Achiltibuie** › S. 129, das von einer eindrucksvollen Berg- und Küstenlandschaft umschlossen ist.

Auf der Nebenstraße längs der Küste kommt man in das herrlich gelegene Dorf **Lochinver** › S. 129, das im Sommer bei Urlaubern besonders beliebt ist. Durch menschenleere Landschaft geht es weiter nach **Durness** › S. 131 an der Nordküste. Weite Sandstrände laden zu ausgedehnten Spaziergängen ein, zudem sind die Kalksteinhöhle **Smoo Cave** sowie ****Cape Wrath** › S. 131 jeweils einen Abstecher wert. In Durness endet die erste Etappe.

Am nächsten Tag geht es weiter nach **Bettyhill** › S. 131, einem recht hübschen Ort in herrlicher Umgebung. Viel Zeit sollte man sich nehmen für die Fahrt zum Tagesziel **Thurso** › S. 131, dem größten und entsprechend lebendigen Ort an der Nordküste. Vom nahegelegenen Scrabster legen die Fähren auf die Orkney-Inseln ab.

Am nächsten Morgen wird **John o' Groats** › S. 132 erreicht, der nordöstlichste Ort des schottischen Festlands. Vom Hafen starten Bootsausflüge auf die Orkneys inklusive Vogelbeobachtung.

Die Tour verläuft nun wieder in südlicher Richtung und passiert den ansehnlichen Ort **Wick** › S. 133, dessen Gründung auf die Norweger zurückgeht. In **Helmsdale** › S. 134 besucht man das Timespan Centre zur schottischen Geschichte und lässt den Tag gemütlich ausklingen.

***Dunrobin Castle** › S. 134, ein Schloss mit wunderschönem Garten, liegt anderntags auf dem Weg nach **Dornoch** › S. 134 mit seinem malerischen Hauptplatz und dem Bischofspalast. Die 892 m lange Dornoch Forth Bridge verkürzt den Weg nach **Tain** › S. 135 erheblich.

Folgt man jedoch der Straße, die am Fjord entlangführt, sollte man bei Ardgay einen Abstecher ins Landesinnere zur **Croick Church** machen. In dieser Kirche fanden Siedler, die während der Highland Clearances › S. 135 gewaltsam von ihrem Land vertrieben worden waren, Mitte des 19. Jhs. Unterschlupf.

Für die Fahrt von Tain nach **Cromarty** › S. 136 bietet sich die Überfahrt mit der kleinsten Autofähre Großbritanniens von Nigg aus an. Die **Black Isle**, an deren Nordspitze Cromarty liegt, verdankt diesen Namen wohl ihrer fast schwarzen Erde und dem großen dunklen Baumbestand. Über die Insel geht es in Richtung Süden nach **Inverness** › S. 136, Hauptstadt der Highlands und Ausgangspunkt für schöne Ausflüge in die Region. Hier endet die Nordschottlandtour.

› Karte S. 114

Unterwegs in der Region

10 **Skye 1

Kyleakin heißt der Ort auf der Landspitze, zu der die Skye-Brücke vom Festland führt. Hier kommen die meisten Urlauber auf Skye an; im Sommer gibt es aber auch noch die Möglichkeit, von Mallaig › **S. 109** die mehrmals am Tag verkehrende Autofähre nach Armadale zu nehmen (30 Min.; Anschluss an die Bahnverbindung von Glasgow/Fort William, www.calmac.co.uk). Nur über eine einspurige Straße von Shiel Bridge ist die kurze Fährverbindung Glenelg–Kylerhea zu erreichen (Ostern–Okt., www.skyeferry.co.uk). Die Anfahrt gehört jedoch zu den schönsten in der Gegend. Unterwegs sollte man im Glenelg Inn einkehren und die seltsamen runden **Glenelg Brochs,** Steinbehausungen aus dem 1. Jh., besichtigen.

Der Südosten

Den äußersten Südosten von Skye bildet die Halbinsel **Sleat** 2 (»sleht« gesprochen), das angestammte Land der Macdonalds. Bei der Ruine des Armadale Castle informiert das **Clan Donald Centre** anschaulich darüber, wie sie den Titel Lords of the Isles erwarben und zum bestorganisierten Clan der Gegenwart wurden. (Ostern–Okt. tgl. 9.30 bis 17.30 Uhr; www.clandonald.com).

Auch wenn die Anfahrt über eine Nebenstraße erfolgt, lohnt sich der Weg nach **Elgol** 3. Am Ende der Straße ist ein Parkplatz, wo in drei Himmelsrichtungen landschaftliche Highlights warten: Im Westen liegt die kleine Insel **Soay,** im Süden sind **Rum** und **Canna** zu erkennen, und im Nordwesten ragen die berühmten ****Cuillin Hills** empor.

Erst-! klassig

Im Sommer werden am Kai von Elgol Bootsfahrten über die Bucht des Loch Scavaig mitten hinein in die Bergwelt angeboten; man kann an Land gehen und zum ***Loch Coruisk** hinaufsteigen. Zwar nicht leicht zugänglich, wurde dieser See zu einem der berühmtesten Anblicke in Schottland, dramatisch verewigt von Malern wie William Turner und Dichtern wie Walter Scott. Infos zu Wanderwegen in den Cuillins gibt es bei der Tourist Information in Broadford (Tel. 01471/822 361) oder in Portree › **S. 121.**

Erst-! klassig

Westlich von Carbost liegt an der Küste die **Talisker Distillery** 4, deren Whisky wegen seines torfigen Aromas beliebt ist (April–Okt. Mo bis Sa 9.30–17, Juli/Aug. So 12–17, Nov.–März Mo–Fr 10–17.30 Uhr; www.discovering-distilleries.com/talisker).

Hotel/Restaurant

Kinloch Lodge ●●●

Hier kann man sich von Claire Macdonald bekochen lassen. Die Autorin mehrerer Kochbücher mit schottischen Rezepten führt mit ihrem Mann, dem heutigen Clan-Chief, das feine Hotel.

- Sleat | IV43 8QY
- Tel. 01471/833 333
- www.kinloch-lodge.co.uk

Portree auf Skye

*Dunvegan Castle 5

Das Schloss ist schon seit über 800 Jahren Stammsitz der Chiefs des Clans MacLeod. Unter den zu besichtigenden Clanmemorabilien ist insbesondere die »Fairy Flag« von Bedeutung. Der Legende zufolge wurde das Banner dem vierten Chief von einer Fee übergeben. Zweimal sei es in der Vergangenheit entrollt worden, als es galt, den Clan aus großer Not zu retten – nach dem nächsten Mal wird seine Macht verbraucht sein. (April–Mitte Okt. tgl. 10–17, Mitte Okt.–Mitte März nur für Gruppen werktags nach Anmeldung, www.dunvegancastle.com).

Portree 6

Im Hauptort von Skye verführen die malerischen Häuserzeilen am Ufer des Loch Portree mit Läden und B & Bs zu längerem Aufenthalt. Der Ortsname – Hafen des Königs – geht auf einen Besuch Jakobs V. im Jahr 1540 zurück.

Im Museum und Kulturzentrum **The Aros Experience** kann man sich in die Inselgeschichte vertiefen und Details über Bonnie Prince Charlie erfahren, einer audiovisuellen Show zu den auf der Insel heimischen Seeadlern folgen oder eine der wechselnden Veranstaltungen besuchen (www.aros.co.uk).

Info

VisitScotland Information Centre
- Bayfield House | Bayfield Road
- Portree | IV51 9EL
- Tel. 01478/612 137
- www.skye.co.uk

Hotel

Viewfield House ●●●
Einladendes Hotel, sofern man sich nicht an ausgestopften Tieren und Dinner am großen Familientisch stört.
- Portree | IV51 9EU
- Tel. 01478/612 217
- www.viewfieldhouse.com

Restaurant

Harbour View Seafood Restaurant ●●
Nur 21 Plätze in einem alten Fischerhaus am Hafen. Delikate Fischküche.

Erst-! klassig

- 7 Bosville Terrace | IV51 9DG
- Tel. 1478/612 069
- www.harbourviewskye.co.uk

› Karte S. 114

Aktivitäten

Feis an Eilein Summer Events
Im Juli und August wöchentlich (meist dienstags) stattfindende Kulturveranstaltungen, Konzerte und Cèilidhs, bei denen jeder zum Mittanzen aufgefordert ist.

- Tel. 01471/844 207
- www.seall.co.uk

Skye Guides
Das Unternehmen plant Touren, bucht Bergführer und bietet Kletterkurse an.

- 3 Luib
- Isle of Skye | IV49 9AN
- Tel. 01471/822 116
- http://skyeguides.co.uk

Integrity Voyages
Vierstündige Boottrips von Uig/Skye zur UNESCO-Welterbestätte auf der noch außerhalb der Äußeren Hebriden im Atlantik gelegenen Insel **St. Kilda.**

- Tel. 07836/611 699
- www.integrityvoyages.co.uk

Nördlich von Portree

Entlang der A 855 reihen sich einige unvergleichliche Naturdenkmäler aneinander. Das erste ist der **Old Man of Storr** genannte bizarre Felszacken, der höchste einer ganzen Gruppe. Nördlich liegt der kleine Loch Mealt, der sich über die Klippen ins Meer ergießt. Vom Straßenrand aus ist am Uferabhang der **Kilt Rock** zu sehen. Seine Gesteinsformationen sollen dem Muster und Faltenwurf der schottischen Nationaltracht ähneln. Jenseits des Dorfs Staffin erhebt sich links die markante Felsformation **Quiraing.**

Erst-! klassig

Bei **Flodigarry** steht ein Haus, in dem die schottische Nationalheldin Flora MacDonald gelebt hat – sie hatte Bonnie Prince Charlie 1746 nach der vernichtenden Niederlage von Culloden › **S. 137** zur Flucht verholfen.

In **Kilmuir** **7** vermitteln die strohgedeckten Cottages des **Skye**

Gut 60 m hoch ist die Steilküste am Kilt Rock

Museum of Island Life einen guten Einblick in den einstigen Alltag der Landbevölkerung (Ostern–Okt. Mo–Sa 9.30–17 Uhr; www.skyemuseum.co.uk). Auf dem Friedhof von Kilmuir befindet sich das Grab von Flora MacDonald unter einem hohen keltischen Kreuz.

Südlich davon liegt der kleine Hafen von **Uig**, von dem die Autofähre nach Tarbert auf Harris und Lochmaddy auf North Uist (Äußere Hebriden) ablegt (www.calmac.co.uk).

Hotels

Flodigarry Country House Hotel ●●●

Wunderschön gelegenes Hotel für gehobene Ansprüche, dazu ein Pub (●) mit Musik und Tanz, zu dem sich Einheimische und Gäste samstags versammeln.

- Flodigarry | IV51 9HZ
- Tel. 01470/552 203
- www.flodigarry.co.uk

Dun Flodigarry Hostel ●

Schöne Herberge für Rucksacktouristen.

- Flodigarry | IV51 9HZ
- Tel. 01470/552 212
- www.hostelflodigarry.co.uk

Lewis und Harris

Die größte Insel der Äußeren Hebriden trennt man traditionell in den nördlichen, flacheren Teil, Lewis, und den gebigigeren Teil im Süden, Harris. Beide werden oft wie eigene Inseln behandelt. Auf dieser Doppelinsel erwartet Reisende ein neues Erlebnis: Unter sich sprechen die Einheimischen oft Gälisch, das neben Englisch auch die gleichberechtigte Unterrichtssprache in den Schulen ist. Eine gute Hilfestellung beim Dechiffrieren der rein gälischen Straßenbeschilderung gibt das Faltblatt, das auf der Fähre und im Information Centre in Stornoway erhältlich ist.

Stornoway/ Steornabhagh 8

Vom Hafen der quirligen 7000-Einwohner-Stadt führt ein Spaziergang mit schönem Blick auf Buchten und Stadt zum **Lews Castle**. Im Schloss ist heute ein College untergebracht. In einem neu entstehenden Anbau am Schloss wird Mitte 2015 das

Herrliche Strände — Erst-! klassig

- Feinster Sand, Einsamkeit und die Ruine des Red Castle kennzeichnen die **Lunan Bay** von Montrose. › **S. 93**
- Einer der schönsten Strände auf Islay findet sich bei **Kintra**, der auf 8 km zu einem ausgedehnten Spaziergang einlädt. › **S. 105**
- Wie in der Karibik fühlt man sich an den weiten Stränden und dem türkisfarbenen, kristallklaren Wasser im **Westen der Isle of Harris.** › **S. 125**
- Am **Big Sand Beach** bei Gairloch genießt man traumhafte Sonnenuntergänge und den Ausblick auf die Berge von Skye und Torridon. › **S. 128**
- Nur ein 7 km langer Fußmarsch von Kinlochbervie führt zur **Sandwood Bay** – doch der Strand ist unvergleichlich. › **S. 131**
- Auf der Black Isle sind die **Strände bei Cromarty** beliebt. Oft lassen sich hier große Tümmler sichten. › **S. 136**

Museum nan Eilean eröffnet, das über die Geschichte der Region informiert.

Das **An Lanntair Arts Centre** in einem postmodernen Gebäude neben dem neugotischen Rathaus organisiert Konzerte und Ausstellungen zur gälischen Kultur (Tel. 01851/703 307, www.lanntair.com).

Info

Stornoway Information Centre

Infos für die ganzen Äußeren Hebriden.

- 26 Cromwell Street | HS1 2DD
- Tel. 01851/703 088
- www.visithebrides.com

Hotel

Planasker Old School ●●

Erst-! klassig

Luxuriöses B & B in traumhafter Umgebung in einer ehemaligen Schule.

- Marbhig | Isle of Lewis | HS2 9PQ
- Tel. 01851/880 476
- www.planasker.co.uk

Shopping

Lewis Loom Centre

Führungen informieren über die Tweedherstellung, Verkauf im Shop.

- The Old Grainstore | 3 Bayhead
- Stornoway | HS1 2DU
- Tel. 01851/704 500

SEITENBLICK

Feines Tuch

Der berühmte robuste Harris Tweed darf sich nur so nennen, wenn er auf den Äußeren Hebriden aus reiner schottischer Schurwolle auf dem Handwebstuhl hergestellt wurde und das Markenzeichen der »Harris Tweed Association« trägt.

Der Westen von Lewis

Das **Black House Museum** 9 bei Arnol ist ein traditionelles »schwarzes Haus«, das noch bis 1966 bewohnt war. Diese Häuser wurden ohne Kamin gebaut und mit einem Torffeuer beheizt, der Rauch zog durch das strohgedeckte Dach ab. (April–Sept. Mo–Sa 9.30–17.30 Uhr, Okt.–März Mo–Sa 9.30–16.30 Uhr.)

Die Gegend bietet schöne Strände (wie die bei Dail Mor/Dalmore und Dail Beag/Dalbeg), und in vielen Häusern klappern die Webstühle. In **Shawbost/Siabost** sowie in **Carloway/Carlabhagh** kann man Webern bei der Arbeit zusehen. Erst-! klassig

11

Eine der bedeutendsten prähistorischen Stätten Europas sind die – immer zugänglichen – ****Standing Stones of Callanish/Calanais** 10 (Foto › **S. 117**). Mit dem alles überragenden Menhir und einer Grabkammer in der Mitte sowie den kreuzförmig angeordneten Steinreihen stellt der Steinkreis eine überragende Leistung seiner Erbauer dar. Er erhebt sich auf einem Landvorsprung im East Loch Roag, wo der Blick weit über Meer und Himmel schweift (Calanais Visitor Centre, Shop, Café April–Okt. Mo–Sa 10 bis 18, Juni–Aug. 9.30–20, Nov.–März Di–Sa 10–16 Uhr, Tel. 01851/621 422, www.callanishvisitorcentre.co.uk).

Hotel/Restaurant

Baile-Na-Cille ●●

Fantastisch einsam gelegenes, rustikales B & B und Restaurant an einem lang gezogenen weißen Sandstrand.

- Timsgarry | HS2 9JD
- Tel. 01851/672 242
- www.bailenacille.co.uk

Tarbert 11

Die kleine Hafenstadt, von der aus die Schiffe nach Uig auf Skye ablegen, ist Hauptstadt von **Harris.** Der nur einige hundert Meter breite Isthmus von Tarbert trennt South Harris von North Harris. Auf Harris sind wohl die schönsten Strände in ganz Schottland zu finden, die man in aller Einsamkeit genießen kann.

Erst-! klassig

Hotels

Scarista House ●●●

Herrenhaus mit Gourmetrestaurant; auch Selbstversorger-Cottages.

- Sgarasta Bheag | HS3 3HX
- Tel. 01859/550 238
- www.scaristahouse.com

Ceol Na Mara ●●

Von der Terrasse dieses gehobenen B & B schweift der Blick über die zauberhafte Landschaft von Harris.

- 7 Direcleit | Isle of Harris | HS3 3DP
- Tel. 01859/502 464
- www.ceolnamara.com

Leverburgh/An t-Ob 12

Der englische Name des Ortes an der Südküste von Harris verweist auf ein groß angelegtes Experiment des Seifenmagnaten Lord Leverhulme (Unilever). Er hatte die Doppelinsel erworben und ließ einen Fischereihafen, Straßen und eine Fischkonservenfabrik bauen. Auf dem Festland eröffnete er eine eigene Kette von Fischläden (MacFisheries genannt!). 1923 sah sich der Lord gezwungen, seine Pläne für Lewis fallen zu lassen, investierte aber weiter in Harris, insbesondere in Leverburgh. Die Hafenanlagen erinnern noch an das Vorhaben.

Von Leverburgh kann man mit der Autofähre auf die kleine Insel **Berneray** übersetzen (3- bis 4-mal tgl.; ca. 60 Min.; www.calmac.co.uk), von der ein Fahrdamm hinüber nach North Uist/Uibhist A Tuath führt.

Die Uists

North Uist, Benbecula/Beinn Na Faoghla in der Mitte und South Uist/Uibhist A Deas sind über Straßendämme miteinander verbunden und formen einen langen schmalen Landstreifen. Die Ostküsten sind durchweg felsig, mit tief eingekerbten Buchten und vorgelagerten Inselchen, die Westküsten bestehen weitgehend aus langen Sandstränden zwischen Landvorsprüngen. Für das Landesinnere sind Machair-Weiden typisch. Auf den Inseln sind die Einrichtungen der britischen Streitkräfte nicht zu übersehen. Sie sind nicht gerade eine Augenweide, bieten aber den Einwohnern von Benbecula sehr gute Einkaufsmöglichkeiten und einen Flugplatz.

North Uist 13

Auf North Uist dürfen Vogelfreunde nicht versäumen, das Schutzgebiet von Baile Raghaill/Balranald zu besuchen (April–Aug. 9–18 Uhr geführte Spaziergänge ab Besucherzentrum). Auf einer Fläche von 658 ha finden sich die unterschied-

Erst-! klassig

lichsten Lebensbedingungen: Meerwasser, Felsen, Sandstrand, Dünen, Machair, Marsch und Süßwasser. 183 Vogelarten wurden gezählt, etwa 50 nisten hier. Die Insel hat mit dem Hügelgrab von **Barpa Langass/ Bharpa Langais** (an der Straße von **Lochmaddy** nach Clachan) auch eine gut erhaltene prähistorische Stätte aufzuweisen.

Hotel

Rushlee House ●●

Ein gutes schottisches Frühstück und spektakuläre Sonnenuntergänge dürfen Gäste dieses gehobenen B & B erwarten.

- Lochmaddy | HS6 5AE
- Tel. 01876/500 274
- www.rushleehouse.co.uk

Aktivitäten

Uist Outdoor Centre

Anleitung, Ausrüstung und Urlaubsplanung für Taucher, Kanufahrer, Wanderer und alle Naturfreunde.

- Lochmaddy | HS6 5AE
- Tel./Fax 01876/500 480
- www.uistoutdoorcentre.co.uk

South Uist – herbschöne Insel

South Uist 14

Die Insel misst etwa 32 km in der Länge, ist aber nirgends breiter als 10 km. Von Lochboisdale/Loch Baghasdail verkehren Autofähren von CalMac nach Barra (90 Min.) und Oban (7–9 Std., Zuganschluss nach Glasgow).

Info

South Uist Information Centre

- Pier Road | Lochboisdale | HS8 5TH
- Tel. 01878/700 286
- Nur Ostern bis Mitte Oktober.

Hotel

Polochar Inn ●●

Typischer Gasthof mit gehaltvoller Küche, Blick auf die Inseln und grandiose Sonnenuntergänge.

- Polochar
- Lochboisdale | HS8 5TT
- Tel. 01878/700 215
- www.polocharinn.com

** Barra/Eilean Bharraigh 15

Die besonders charmante und freundliche Insel bildet mit ihrer hinreißenden Landschaft einen würdigen Abschluss für die Erkundung der Äußeren Hebriden. Ihr Hauptort ist **Castlebay/Bagh A Chaistail** im Süden. Auf einem Inselchen mitten in der Hafenbucht thront die Burg Kisimul Castle aus dem 13. Jh.

Der berühmte Flugplatz am Strand von Traigh Mhor, der nur bei Ebbe anzufliegen ist, macht den Flug von Glasgow hierher zu einem aufregenden Erlebnis.

Erst-! klassig

Info

Castlebay Information Centre
Fragen Sie nach einem Besuch der großen Seehundkolonie in der Seal Bay.
- Main Street
- Castlebay | HX9 5XD
- Tel. 01871/810 336
- www.isleofbarra.com

Hotel

Castlebay Hotel ●●●
Kleineres Hotel mit Restaurant und fröhlicher Bar.
- Castlebay | HS9 5XD
- Tel. 01871/810 223
- www.castlebay-hotel.co.uk

An der Nordwestküste

Kyle of Lochalsh 16

Lange Zeit war die Fähre von Kyle of Lochalsh das Tor zu den Hebriden, nun führt eine Brücke den Verkehr zur Insel Skye am Ort vorbei. Wo die Burgruine von Castle Moil und die Aussicht über die Meerenge auf die Inseln das Panorama bestimmten, ist heute der Betonbogen der Skye Bridge unausweichlicher Blickfang.

*Eilean Donan Castle 17

Die Burg liegt auf einem Felsen, der am Zusammenfluss der Lochs Duich, Alsh und Long aus dem Wasser ragt. Erst Anfang des 20. Jhs. wurde damit begonnen, die alte Burgruine zu restaurieren – heute gehört sie zu den meistfotografierten Motiven in Schottland (Foto › S. 117). Über die Brücke vor der pittoresken Kulisse ritt Christopher Lambert als Highlander im gleichnamigen Film (Mitte März–Mitte Nov. tgl. 10–18, Juli/Aug. ab 9 Uhr, www.eileandonancastle.com).

Erst-! klassig

Plockton 18

Plocktons Charme macht die Strandpromenade mit ihren zum Hügel hin aufgereihten, weiß und pastellfarben getünchten Häusern aus. Die gestutzten Palmen gedeihen im milden Klima der windgeschützten Bucht, in der viele Segelboote vor Anker liegen.

Hotel

The Plockton Hotel ●●
Freundliches kleines Hotel mit ausgesprochen gutem Essen.
- 41 Harbour Street | IV52 8TN
- Tel. 01599/544 274
- www.plocktonhotel.co.uk

Die Halbinsel Applecross

Der Name der Halbinsel hat wenig mit Äpfeln zu tun, er leitet sich vom gälischen *Apor Crosan* ab, was »Meeresbucht« bedeutet. Die einzige Straße führt (mit wunderbaren Ausblicken auf die Inseln Rona und Raasay) an der Küste entlang.

Vom Städtchen **Applecross** 19 zweigt ein Fahrweg ins Innere ab, der schließlich auf der Passhöhe des ****Beallach na Bà** anlangt. Der gälische Name bedeutet »Passstraße der Rinder« – über diesen atemberaubenden Pfad wurde früher das Vieh getrieben. Heute drängen sich hier die Autotouristen, um die grandiose Aussicht hinüber zur Bergwelt von Skye zu genießen. Am Nordende der Halbinsel liegt der idyllische Ort **Shieldaig** 20.

Erst-! klassig

Hotels/Restaurants

Tigh-an-Eilean ●●●
Charmantes weißgekalktes Hotel mit ausgezeichnetem Restaurant und Pub am Loch Shieldaig gelegen.
- Shieldaig
- Tel. 01520/755 251
- www.tighaneilean.co.uk

Applecross Inn ●●
Oft gelobter, schlichter Gasthof mit leckerer Fischküche.
- Shore Street | Applecross | IV54 8LR
- Tel. 01520/744 262
- www.applecross.uk.com/inn

Beinn Eighe National Nature Reserve

Erst-! klassig

Das Visitor Centre des ältesten britischen Naturschutzgebiets bei **Kinlochewe** 21 informiert über dessen Flora und Fauna und ist Ausgangspunkt für Lehrpfade durch den alten kaledonischen Forst, der anderenorts nur noch selten anzutreffen ist (April–Okt. 9–17 Uhr, Tel. 01445/760 258, www.nnr-scotland.org.uk).

Hotels

Loch Torridon Country House ●●●
Wunderschön gelegenes Schlosshotel mit allem Komfort und vielen Aktivangeboten, 2,5 km von Torridon.
- Wester Ross | IV22 2EY
- Tel. 01445/700 300
- www.thetorridon.com

Cromasaig B & B ●●
Kleines, familiäres B & B.
- Kinlochewe | IV22 2PE
- Tel. 01445/760 234
- www.cromasaig.com

Gairloch und Umgebung 22

Der ansehnliche Ort ist seit dem 19. Jh. ganz auf Tourismus eingestellt. Sein preisgekröntes **Heritage Museum** bringt Besuchern die Lebensumstände der Menschen hier seit der Steinzeit nahe (Ostern–Okt. Mo–Fr 10–17, Sa 11–15 Uhr).

Nebenstraßen zu den Stränden und Aussichtspunkten sollte man nicht verpassen: Die B 8021 führt in nördlicher Richtung zu den Big Sands, wo sich grandiose Ausblicke bieten, und auf der B 8056 im Süden erreicht man **Redpoint,** wo man einen herrlichen Blick hinüber nach Skye genießt.

Erst-! klassig

Der lange **Loch Maree** östlich von Gairloch genießt den Ruf, der schönste See Schottlands zu sein.

Eine der größten Sehenswürdigkeiten der Nordwestküste ist ***Inverewe Garden** 23 am Loch Ewe. Das Areal mit exotischen Pflanzen aus aller Welt umfasst mehr als 20 ha; wer alle Spazierwege abgehen will, braucht dafür mehrere Stunden (Garten April/Mai 9.30–17.30, Juni–Aug. bis 18, Sept. bis 17, Okt. bis 16 Uhr, sonst 10–15 Uhr, Besucherzentrum nur Mitte April bis Okt., Gratisführungen Mitte Mai bis Sept. Mo–Fr, teilw. auch Sa um 13.30 Uhr; www.nts.org.uk).

Erst-! klassig

Hotel

Loch View ●●
Modernes B & B am westlichen Ortsrand mit vier geräumigen Zimmern.
- 41 Lonemore | Gairloch | IV21 2DB
- Tel. 01445/712 676
- www.lochviewgairloch.co.uk

Ullapool 24

Zur Hauptreisezeit ist es hier oft voll, aber der Hauptort der Region hat auch einiges zu bieten, etwa das **Ullapool Museum** zur lokalen Geschichte seit der Ortsgründung 1788 oder den Campingplatz auf der Landspitze, die mitten im Ort in den Loch Broom hinausragt.

Von Ullapool verkehrt die CalMac-Autofähre im Sommer tgl. 2–3-mal pro Tag in ca. 3 Std. nach Stornoway auf der Insel Lewis › **S. 123**.

Hotels/Restaurants

The Ceilidh Place ●●
Ein sehr angenehmer, leicht exzentrischer Betrieb, der Café-Restaurant, Hotel/Hostel, Veranstaltungszentrum und Buchladen vereint.

- 14 West Argyle St. | Ullapool | IV26 2TY
- Tel. 01854/612 103
- www.theceilidhplace.com

Tanglewood House ●●
Schottische Gastlichkeit auf hohem Niveau. Antiquitäten zieren das Restaurant des modernen Hauses.

- Ullapool | IV26 2TB
- Tel. 01854/612 059
- www.tanglewoodhouse.co.uk

Shopping

Highland Stoneware Pottery
Große Auswahl an Keramik direkt vom Hersteller.

- Mill Street
- www.highlandstoneware.com

*Achiltibuie 25

Der lang gestreckte Ort ist eingebettet in eine grandiose Berg- und Küstenlandschaft und mit Aussicht auf

Inverewe Garden

die Inselgruppe **Summer Isles.** Unbedingt zu empfehlen sind die Bootsausflüge zu den Summer Isles **Erstklassig** vom Hafen aus, bei denen es neben der wunderschönen Küstenlandschaft Kormorane, Seehunde, (mit ein wenig Glück) Delfine und (mit sehr viel Glück) einen Wal zu sehen gibt.

Hotel/Restaurant

Summer Isles Hotel ●●●
Das Haus genießt völlig zu Recht einen hervorragendem Ruf, über der Küche glänzt ein Michelin-Stern.

- Achiltibuie
- Tel. 01854/622 282
- www.summerisleshotel.co.uk

Lochinver 26

Der Fischerort hat sich zum beliebten, sommers gar überfüllten Ferienort entwickelt, der sich seiner wundervollen Lage über dem gleichnamigen Loch rühmen darf.

Südöstlich von Lochinver überragt der markante, 731 m hohe

kegelförmige **Suilven** die einsame Landschaft. Er wird gerne von Bergwanderern erklommen; der Aufstieg ist nicht schwierig, aber lang – Geübte müssen vom nächstgelegenen Parkplatz nahe der Glencanisp Lodge aus für den Hin- und Rückweg mit 8 Std. Gehzeit rechnen (www.walkhighlands.co.uk/ullapool/suilven.shtml).

Erst-! klassig

Unvergessliche Naturerlebnisse

- Im **Cairngorms National Park** sind viele seltene Pflanzen und bedrohte Tierarten unter Schutz gestellt. › S. 88
- Das **Montrose Basin** zieht besonders im Winter Vogelkundler an, denn ab November fallen hier Scharen von Wildgänsen aus der Arktis ein. › S. 93
- Im Sommer starten von Anstruther aus Bootsausflüge zu den Papageitauchern auf der **Isle of May**. › S. 97
- An der Nordspitze von Skye stehen einige unvergleichliche Naturdenkmäler, etwa der Felszacken **Old Man of Storr** und der **Kilt Rock**. › S. 122
- Ein Ausflug zu den wunderschönen **Summer Isles** bringt einen in Sichtweite von Kormoranen, Seehunden und Delfinen. › S. 129
- Im Vogelschutzgebiet auf **Handa Island** kommt man auf Tuchfühlung mit Tausenden von Möwen, Eissturmvögeln und Kormoranen. › S. 131
- Eine der schönsten Wanderungen für Ambitionierte ist der Weg von **Cape Wrath** nach Kinlochbervie. Mit etwas Glück kann man einen Blick auf Meerjungfrauen erhaschen. › S. 131

Info

Assynt Visitor Centre
- Lochinver | IV27 4LX
- Tel. 01571/844 654
- www.discoverassynt.co.uk
- Nur April–September geöffnet.

Hotels

The Albannach ●●●
Ausgesucht stilvolles Interieur, preisgekrönte innovative Küche.
- Baddidarroch | IV27 4LP
- Tel. 01571/ 844 407
- www.thealbannach.co.uk

Veyatie ●●
Das B & B der gehobenen Kategorie hat nur zwei geräumige Zimmer, dafür aber einen grandiosen Ausblick.
- 66 Baddidarroch | IV27 4LP
- Tel. 01571/844 424
- www.veyatie-scotland.co.uk

Restaurant

Lochinver Larder ●●
Leckere Gerichte im Bistrostil – auch für Vegetarier.
- Main Street
- Tel. 01571/844 356
- www.lochinverlarder.co.uk

Shopping

Highland Stoneware › S. 129 hat auch in Lochinver ein Outlet.
- Baddidarroch | IV27 4LP
- Tel. 01571/844 376

Handa Island 27

Erst-! klassig

Die Insel ist Vogelschutzgebiet, zu dem im Sommer von mehreren Orten der Umgebung aus Bootsausflüge (teils mit Führungen) angeboten werden. Eine Fährverbindung besteht von Tarbet aus (April–Anf. Sept. Mo–Sa ab 9, letzte Rückfahrt 17 Uhr, http://scottishwildlifetrust.org.uk). Die recht kurze Überfahrt bringt einen auf Tuchfühlung mit Tausenden von Möwen, Papageitauchern, Lummen, Eissturmvögeln und Kormoranen.

Die Nordküste

Durness 28 und **Cape Wrath

In und um das Dorf Durness gibt es einige besondere Sehenswürdigkeiten: die eindrucksvolle Kalksteinhöhle **Smoo Cave,** deren äußere Kammer gut zu begehen ist, die Kunsthandwerkerkolonie von **Balnakeil** und natürlich ****Cape Wrath.** Das Kap ist nur von Keoldale aus mit einer Personenfähre und anschließender Fahrt im Minibus zu erreichen (www.capewrathscotland.org.uk), doch die etwas umständliche Anfahrt lohnt sich. Eine wunderbare Wanderung für Ambitionierte führt von Cape Wrath südwärts bis **Kinlochbervie.** Der 23 km lange Weg ist einsam und großteils fern jeder Straße – es gibt keine Chance, die Wanderung abzubrechen. Dafür verläuft sie am legendären Strand von Sandwood Bay. Dorthin verirren sich kaum Menschen, doch kommen laut Augenzeugenberichten Meerjungfrauen an Land!

Erst-! klassig

Info

Durness Information Centre

- Sango | Durness | IV27 4PN
- Tel. 01971/511 368
- www.durness.org

Hotel/Restaurant

Mackay's Rooms & Restaurant ●●

Liebevoll renoviertes 150 Jahre altes Haus mit individuell eingerichteten Zimmern und Restaurant.

- Durness | IV27 4PN
- Tel. 01971/511 202
- www.visitdurness.com

Bettyhill 29

Das hübsche Dörfchen liegt in herrlicher Umgebung, mit der Pflanzen- und Vogelvielfalt des **Invernaver Nature Reserve** jenseits der kleinen Bucht. Der Geschichte der Highland Clearances › **S. 135** im Tal südlich von Bettyhill widmet sich das **Strathnaver Museum** (April–Okt. Mo–Sa 10–17 Uhr; www.strathnavermuseum.org.uk) in einer ehemaligen Kirche.

Auf keinen Fall versäumen sollte man an der Strecke zwischen Bettyhill und Thurso die Abzweigungen nach Strathy Point, Armadale, Torrisdale/Skerray und Talmine/Midfield – der Lohn ist Landschaft pur.

Erst-! klassig

Hotel

Altnaharra Hotel ●●●

Ca. 35 km südlich von Bettyhill großartig am Loch Naver gelegenes komfortables Hotel im schicken Countrystyle; großes Sportangebot.

- Altnaharra | Loch Naver
- Tel. 01549/411 222
- www.altnaharra.com

Thurso 30

Zu den attraktivsten Orten dieses Küstenstrichs gehört Thurso mit guten Einkaufsmöglichkeiten, schöner Strandpromenade und dem Ha-

› Karte S. 114

Küste bei Yesnaby auf der Orkneyinsel Mainland

fen Scrabster, von wo aus die Autofähre nach Stromness auf den Orkneys ablegt. Nicht unerwähnt bleiben darf die Atomanlage von Dounreay (deren Beschäftigten Thurso die gut bestückten Läden verdankt). Die Anlage wurde allerdings 1994 endgültig abgeschaltet.

Info

Thurso Information Centre

- High Street | Thurso | KW14 8AJ
- Tel. 01847/893 155
- www.visithighlands.com

Hotels

Forss House Hotel ●●●

Schmuckes kleines Landhotel in herrlichem Park, 9 km westlich von Thurso an der A 836.

- Forss | KW14 7XY
- Tel. 01847/861 201
- www.forsshousehotel.co.uk

Pentland Lodge House ●●

Modern eingerichtetes B & B, dessen geräumige Zimmer auch bei Familien beliebt sind.

- Granville Street | KW14 7JN
- Tel. 01847/895 103
- www.pentlandlodgehouse.co.uk

John o' Groats 31

Zwar wird John o' Groats genannt, wenn von der Nordspitze des britischen Festlands die Rede ist, aber in Wirklichkeit ist dieser Punkt erst hoch über der Brandung am **Dunnet Head** im Nordwesten erreicht, wo man bei klarer Witterung weit übers Meer hinaus bis zu den Orkneys blicken kann.

Am Hafen von John o' Groats werden Bootsausflüge zu den Orkneys, zur vorgelagerten Insel Stroma und zu den Klippen von Duncansby Head angeboten. In der

Fahrt inbegriffen sind Ausblicke auf wildromantische Felsformationen, Sichtungen von Seehunden und riesigen Seevogelkolonien – und erheblicher Seegang.

Wick 32 und Umgebung

Im Namen von Wick wird der skandinavische Einfluss in Schottlands Norden erkennbar; er leitet sich vom nordischen »Vik« (Bucht, Mündung, Handelsplatz) her. Der geschäftige 8000-Einwohner-Ort ist gut auf Touristen eingerichtet. Im **Heritage Centre** wird man über die Geschichte der Fischerei der Region informiert – bis zu 1100 Heringsboote lagen früher im Hafen. Mit **Ebenezer Place** hat Wick auch nachweislich die kleinste Straße der Welt (2,06 m).

Nördlich von Wick erheben sich auf den Klippen über Sinclair's Bay die benachbarten Ruinen von **Sinclair Castle** und **Girnigoe Castle,** über die grausige Geschichten im Umlauf sind. So soll im 16. Jh. der vierte Earl of Sinclair seinen Sohn des geplanten Vatermordes verdächtigt und eingekerkert haben – bis heute hört man angeblich im Gemäuer das Heulen und Stöhnen des Verhungerten.

Im Süden der Stadt liegen zwei höchst eindrucksvolle neolithische Hügelgräber, die ***Grey Cairns of Camster** aus der Zeit um 3000 v. Chr. Sie sind gut beschildert und teilweise auch begehbar.

An der Küstenstraße in Richtung Helmsdale findet sich eine Anlage aus der frühen Bronzezeit: ***Hill o' Many Stanes.** Rund 200 Menhire sind hier fächerförmig aufgestellt – welche Funktion sie genau hatten, konnte allerdings bis heute nicht geklärt werden.

Info

Tourist Information

- High Street
- Tel. 0845/225 5121
- www.visithighlands.com

SEITENBLICK

Orkney und Shetland

Orkney umfasst eine Gruppe von etwa 70 Inseln nördlich des schottischen Festlands (zu erreichen mit der Autofähre von Scrabster/Thurso nach Stromness und von Aberdeen nach Kirkwall oder mit dem Flugzeug von Glasgow, Edinburgh, Aberdeen und Inverness nach Kirkwall). Neben der spektakulären Lage locken besonders die vielen prähistorischen Stätten: Das grandiose Steinzeitgrab von Maes Howe und die Steinkreise von Brodgar und Stenness sind alle auf Mainland zu finden, ebenso wie die einzigartige Steinzeitsiedlung von Skara Brae.

Noch weiter nördlich liegt die Inselgruppe von **Shetland.** Die Hauptinsel heißt ebenfalls Mainland, die größte Ortschaft ist Lerwick. Autofähren verkehren von Kirkwall und Aberdeen. Auch auf den Shetland-Inseln existieren faszinierende Zeugnisse der frühen Menschheitsgeschichte: vor allem die bronzezeitliche Siedlung Jarlshof auf Mainland und der Broch (Rundturm) auf Mousa.

Hotel

Mackays Hotel ●●●
Freundliche Zimmer und vorzügliche Küche am kleinsten Platz des Königreichs.
- Union St/Ebenezer Place
- Wick | KW1 5ED
- Tel. 01955/602 323
- www.mackayshotel.co.uk

Helmsdale 33

In dem interessantesten Ferienort an diesem Abschnitt der Nordseeküste vermittelt das höchst anschauliche **Timespan Centre** einen unkomplizierten Einblick in die Geschichte der Highlands (März bis Okt. Mo–Sa 10–17, So ab 12 Uhr; Nov.–Feb. Sa/So 11–16, Di 14–16 Uhr, Tel. 01431/821 327, www.timespan.org.uk). Es zeigt das Leben von Pikten und Wikingern, den legendären Mord in Helmsdale Castle, das Drama der Clearances in der Umgebung und widmet sich auch dem Thema Nordseeöl. Schwerpunkt ist auch der Goldrausch Ende des 19. Jhs., als das Edelmetall im Strath of Kildonan gefunden wurde.

Dunrobin Castle

Hotel

The Belgrave Arms Hotel ●●
Zeitgemäß eingerichtetes kleineres Hotel mit Restaurant.
- Dunrobin Street | KW8 6JX
- Tel. 01431/821 242
- www.belgravearmshotel.co.uk

*Dunrobin Castle 34

Viele wertvolle Kunst- und Einrichtungsgegenstände begeistern nicht nur Kenner in diesem Prunkschloss, dem Sitz der Herzöge von Sutherland, die bei den Highland Clearances eine führende Rolle spielten. Das ursprüngliche Gebäude aus dem 13. Jh. wurde anno 1845–1850 zum protzigen »Château« erweitert. Die Gärten mit ihren ausgelegten Blumenrabatten und Springbrunnen auf zwei Terrassen sind französischen Vorbildern nachempfunden. (Juni–Aug. tgl. 10–17, April bis Mitte Okt. Mo–Sa 10.30–16.30, So ab 12 Uhr, www.dunrobincastle.co.uk).

Dornoch 35

Am pittoresken Hauptplatz des Urlaubsorts liegen der Bischofspalast aus dem 16. Jh., der heute ein Hotel beherbergt, sowie die restaurierte, sehr stimmungsvolle gotische Kreuzkathedrale.

Auf dem Golfplatz in den Dünen im Süden wird seit dem frühen 17. Jh. Golf gespielt: **Royal Dornoch,** 1877 von Tom Morris sen. entworfen und einer der am wenigsten geheimen Golf-Geheimtipps, ist auch für Gäste zugänglich (Tel. 01862/ 810 219, www.royaldornoch.com).

Erst-! klassig

Hotel

Sleeperzzz ●

Erst-! klassig

Geruhsame Nächte in gut ausgestatteten, stillgelegten Eisenbahnwaggons 20 km nordwestlich von Dornoch.

- Rogart Station | Pittentrail | V28 3XA
- Tel. 01408/641 343
- www.sleeperzzz.com

Tain 36

Der hübsche Ort am Dornoch Firth mit rund 3500 Einwohnern rühmt sich, in Schottland das älteste Stadtrecht innezuhaben.

Von Tain kann man einen Ausflug auf die eher selten besuchte windgepeitschte Halbinsel **Fearn** im Osten machen. Sehenswert dort sind das interaktive **Discovery Centre** in Portmahomack (www.tarbatdiscovery.co.uk) und der Leuchtturm am Tarbat Ness. Am Südende der Halbinsel schippert vom Fährhafen in Nigg Schottlands kleinste Autofähre nach Cromarty (Ende Mai–Okt. tgl. 8–18.15 Uhr, www.cromarty-ferry.co.uk).

Erst-! klassig

SEITENBLICK

Die Highland Clearances

»Ich erinnere mich, dass man auf dem Weg das Tal hinauf alle halbe oder ganze Meile ein Dorf sah ... Die Leute lebten zufrieden ... Es mangelte ihnen an nichts.« So schrieb Angus Mackay, der 1813 aus Strathnaver vertrieben wurde. Wer heute durch Strathnaver fährt, bekommt auf über 30 km kaum ein Haus zu sehen. Überall in Sutherland, Ross, Lochaber sowie auf den Hebriden findet man Überreste ganzer Dörfer, zwischen denen Schafe grasen. Die Räumung weiter Landstriche im Nordwesten zwischen 1780 und 1850 gilt als eines der traurigsten Kapitel in der Geschichte der Highlands.

Nach dem Scheitern des letzten Jakobitenaufstands 1746 wurden die Ländereien der Clan-Chiefs konfisziert. Als die Regierung sie 1784 zurückerstattete, lebten viele Chiefs in Edinburgh oder London und wollten vor allem maximale Profite erwirtschaften. Schafzucht war mit geringen Kosten und hohen Erträgen verbunden, doch waren die dort lebenden Menschen im Weg. Räumungen im großen Stil und mit teils brachialen Methoden begannen. So ließ der Gutsverwalter des Herzogs von Sutherland Familien das Dach über dem Kopf anzünden. Der Chief der Macdonells of Glengarry räumte »seine« Halbinsel Knoydart, indem er 520 Personen nach Kanada verschiffen ließ.

Um 1853/54 war in weiten Teilen der nordwestlichen Highlands fast die ganze Bevölkerung vertrieben. Die »letzte Wildnis Europas« in Wester Ross oder Sutherland hat vor 150 Jahren ganz anders ausgesehen.

› Karte S. 114

Cromarty 37

Ausgesprochen attraktiv ist das in den letzten Jahren für den Tourismus herausgeputzte Fischerdorf Cromarty an der Nordostspitze der **Black Isle,** die man von Inverness über eine Brücke über den Morey Firth problemlos erreicht. Die Halbinsel ist als Ausflugsziel mit dem Waldgebiet in der Mitte und schönen Stränden, von denen man mit Glück Tümmler beobachten kann, sehr beliebt. **Erst-! klassig**

Bei Kennern haben die Vogelschutzgebiete von **Munlochy Bay** am Moray und **Udale Bay** am Cromarty Firth mit ihren vielen Stelzvogelarten einen guten Ruf.

Im Cromarty Firth sieht man immer wieder Bohrinseln im Schlepptau vorbeiziehen – die Gegend ist zum Zentrum für Bau und Wartung dieser Monstren geworden.

Shopping

Cromarty Pottery/Disteramics
Die Hamburgerin Bärbel Dister verkauft gleichermaßen gängige wie einzigartige, experimentelle Keramik.
- Shore Street
- Tel. 01381/600 701
- www.cromarty-pottery.com

Inverness 38

Oft als Hauptstadt der Highlands bezeichnet, ist Inverness mit 59 000 Einwohnern die größte Stadt im Norden und Sitz der Behörden des riesigen, aber dünn besiedelten Highland-Bezirks. In den schönen Straßen mit herausgeputzten Häusern und hängenden Blumenkörben gibt es gut sortierte Geschäfte. Im Bahnhof treffen die Direktverbindungen aus Edinburgh und Aberdeen, die Strecke nach Kyle of Lochalsh und die einzige Bahnlinie in den Norden (nach Wick/Thurso) zusammen.

Info

Inverness Information Centre
- Castle Wynd | Inverness | IV2 3BJ
- Tel. 01463/252 401
- www.visithighlands.com

Hotels

Loch Ness Country House Hotel ●●●
Erstklassiges Hotel, Spitzengastronomie, bester Service, schöner Garten.
- Loch Ness Road | IV3 8JN
- Tel. 01463/230 512
- www.lochnesscountryhousehotel.co.uk

Inverglen Guest House ●●
Familiär geführtes, kleines B & B mit zeitgemäßer Einrichtung.
- 7 Abertarff Road | IV2 3NW
- Tel. 01463/716 350
- www.inverglenguesthouse.com

Aktivitäten

Phoenix Boat Trips
Bootstrips zur Delfinbeobachtung in der Bucht nördlich der Stadt. **Erst-! klassig**
- Inverness Marina
- Tel. 07703/168 097
- www.inverness-dolphin-trips.co.uk

Inverness Tours
Minibustouren zu vielen grandiosen Orten in den Highlands.
- www.invernesstours.com

Nightlife

Eden Court Theatre & Cinema

Eines der führenden schottischen Multi-Event-Theater präsentiert sich seit 2008 komplett renoviert mit postmodernem Anbau, Bistro und Bar.

- Bishop's Road | IV3 5SA
- Tel. 01463/234 234 (Kartenbüro)
- www.eden-court.co.uk

Ausflüge ab Inverness

Culloden 39

Am 16. April 1746 fochten auf dem berühmten Schlachtfeld ca. 5000 erschöpfte Highlander unter Führung des Stuart-Thronprätendenten »Bonnie Prince Charlie« gegen 9000 Mann der Elitetruppen des Herzogs von Cumberland. Es war die letzte Schlacht auf britischem Boden. 1200 Highlander sollen gefallen sein, und Cumberland erhielt den Beinamen Schlächter, da er die auf dem Feld gebliebenen Verwundeten niedermetzeln ließ.

Den besten Eindruck des traurigen Ortes gewinnt man frühmorgens, wenn die bunten Flaggen, die die Stellungen der Truppen markieren, auf der leeren braunvioletten Heide flattern (tgl. April–Okt. 9–17.30, Juni–Aug. bis 18, Nov. bis März 10–16 Uhr, www.nts.org.uk).

Cawdor Castle 40

Die im 14. Jh. erstmalig erwähnte Burg ist eng mit der Tragödie Macbeth von William Shakespeare verbunden. Dort soll Macbeth König Duncan getroffen und erschlagen haben. Hinter der Fassade im Baronialstil verbergen sich neben den Prunksälen eine Macbeth-Zeichnung von Dalí, eine Zeichnung nach Edgar Allan Poe und eine voll eingerichtete viktorianische Küche. Vom kunstvoll angelegten Garten führen markierte Wege in die sich anschließenden üppigen Wälder (tgl. Mai–Sept. 10–17.30 Uhr, www.cawdorcastle.com).

Erst-! klassig

Fürstliches Schlafzimmer in Cawdor Castle

Loch Ness mit der Ruine von Urquhart Castle

12 **Loch Ness 41

Südlich von Inverness erstreckt sich Schottlands zweitgrößter See, der 39 km lange Loch Ness, der durch den Caledonian Canal mit der Hauptstadt der Highlands verbunden ist. Berühmtheit hat der See v. a. durch sein legendäres Monster erlangt. Der Urheber des einen berühmten Fotos vom Ungeheuer hat kurz vor seinem Tod gestanden, es gefälscht zu haben, aber das hat dem Nessie-Tourismus keinen Abbruch getan. Bootsausflüge starten in Inverness, Fort Augustus oder Drumnadrochit, wo das **Loch Ness Centre & Exhibition** Klarheit in das Rätsel um Nessie zu bringen versucht (Winter 10–15.30, Ostern bis Juni, Sept./Okt. 9.30–17, Juli/Aug. 9–18 Uhr, www.lochness.com).

Ein Besuchermagnet ist auch die unübersehbare Ruine von **Urquhart Castle** (April–Sept. tgl. 9.30–18, Okt. bis 17, Nov.–März bis 16.30 Uhr; www.historic-scotland.gov.uk).

Invergarry 42

Südlich von Loch Ness schließt sich im Great Glen Loch Oich an, in dessen Nähe das typische Highland-Dorf Invergarry liegt. Der Ort wird vor allem wegen der Ruine von **Invergarry Castle** besucht. Nach der Schlacht von Culloden › **S. 137** fand Bonnie Prince Charlie hier kurzzeitig Unterschlupf.

Hotel

Glengarry Castle Hotel ●●●

Erst-! klassig

Herrlich auf einem Felsen gelegenes Schlosshotel mit Himmelbetten und freiem Blick auf den Loch Oich.

- Invergarry | PH35 4HW
- Tel 01809/501 254
- www.glengarry.net

Infos von A–Z

Ärztliche Versorgung

Kostenlose ärztliche Versorgung bietet der **National Health Service** für Touristen aus der EU und der Schweiz gegen Vorlage der Europäischen Versichertenkarte. Eine Auslandskrankenversicherung ist ratsam.

Behinderte

Auskünfte, ein Verzeichnis barrierefreier Unterkünfte usw. bietet **TFA (Tourism for All)** 7A Pixel Mill, 44 Appleby Road, Kendal LA9 6ES, Tel. 0845/ 124 9971, www.tourismforall.org.uk.

Diplomatische Vertretungen

Generalkonsulat Deutschland

- 16 Eglinton Crescent | Edinburgh EH12 5DG, Tel. 0131/337 2323
- www.edinburgh.diplo.de

Honorarkonsulat Österreich

- 9 Howard Pl. | Edinburgh EH3 5JZ
- Tel. 0131/558 1955
- www.bmeia.gv.at

Generalkonsulat Schweiz

- 58/2 Manor Place
- Edinburgh EH3 7EH
- Tel. 0131/225 9313
- www.eda.admin.ch/london

Einreisebestimmungen

Reisende aus EU-Staaten brauchen einen gültigen Personalausweis (Schweizer die nationale Identitätskarte) oder Pass. Autofahrer benötigen den nationalen Führerschein und Kfz-Schein, die Grüne Versicherungskarte ist ratsam.

Elektrizität

Die Netzspannung beträgt 240 Volt Wechselstrom. Erforderlich ist allerdings ein dreipoliger Adapter.

Feiertage

Neujahr, 2. Jan., Karfreitag, 1. Mo im Mai, letzter Mo im Mai, 1. Mo im Aug., 25., 26. Dezember.

Geld

Währung ist das Pfund Sterling (£); £ 1 = 100 Pence (p). Die von der Bank of Scotland und der Royal Bank of Scotland ausgegebenen Banknoten (zu £ 1, £ 5, £ 10, £ 20, £ 50, £ 100) sind den englischen Pfundnoten gleichgestellt, man sollte sie aber am besten noch in Schottland ausgeben. Kreditkarten werden so gut wie überall akzeptiert. Geldautomaten funktionieren mit Bank- wie Kreditkarten und PIN.

- Wechselkurse (Stand Oktober 2013): 1 € = ca. 0,80 £; 1 CHF = ca. 0,69 £; 1 £ = 1,18 €/1,45 CHF

Haustiere

Unter strengen Bedingungen ist die Mitnahme von Hunden und Katzen erlaubt: Das Tier muss einen Mikrochip tragen, zudem werden die Nachweise einer Tollwutimpfung und Blutuntersuchung sowie der EU-Heimtierpass verlangt. Details unter www.gov.uk/take-pet-abroad oder bei DEFRA PETS Helpline, Tel. +44 (0)870/241 1710.

Information

VisitScotland

Die VisitScotland Information Centres im ganzen Land halten Broschüren bereit und nehmen Unterkunftsbuchungen vor etc.

- Tel. 0845/859 1006 (in GB)
- www.visitscotland.com/travel/information/centres
- Infos auf Deutsch und Online-Buchungen: http://international.visitscotland.com/de/

Großbritannien Reiseshop
Verkauf von Touringpässen, Tickets usw.
- www.visitbritainshop.com/deutschland/home.html

Maße und Gewichte
Offiziell gilt das metrische System, aber im Alltag, z. B. auf den Wochenmärkten oder im Pub, sind die alten Einheiten noch gebräuchlich:
- 1 pint (pt.) = 0,568 Liter
- 1 gallon (gal.) = 4,5459 Liter
- 1 ounce (oz.) = 28,35 Gramm
- 1 pound (lb.) = 453,6 Gramm

Notruf
Tel. 999 od. 112 für Polizei (Police), Feuerwehr (Fire Service), Krankenwagen (Ambulance), Küstenwache (Coastguard), Bergwacht (Mountain rescue).

Öffnungszeiten
- **Banken:** Mo–Fr mind. 9–16 oder 17 Uhr, manche länger (Do nachmittags oder evtl. Sa morgens).
- **Geschäfte:** Meist Mo–Sa 9–17.30/18 Uhr, in Touristenzentren/Großstädten länger, z. T. auch sonntags.
- **Pubs:** Keine Sperrstunde, viele Pubs öffnen Mo–Mi 10–23.30, Do–Sa bis 1 Uhr und länger, So 12–23.30 Uhr.
- **Postämter:** In der Regel Mo–Fr 9–17.30 Uhr, Sa oft bis 13 Uhr.

Rauchverbot
Rauchen in Pubs, Restaurants und Hotels ist verboten (hohe Bußgelder)!

Telefon/Handy/Internet
Münztelefone funktionieren mit Münzen zu 10, 20, 50 Pence und 1 £. Kartentelefone gibt es fast überall, Karten in Geschäften mit dem weißgrünen Schild **Phonecard.** Von öffentlichen Telefonzellen sind Fern- und Auslandsgespräche möglich, der Billigtarif gilt Mo–Sa 18–8 Uhr sowie So und Fei.

Handys funktionieren in britischen Netzen meist problemlos, in abgelegenen Gebieten kann es allerdings Funklöcher geben.

Internationale Vorwahlen:
- nach Deutschland: 00 49
- nach Österreich: 00 43
- in die Schweiz 00 41
- nach Schottland (GB) 00 44

Internetcafés findet man vor allem in den größeren Städten.

Trinkgeld
Taxifahrer erwarten 10–15 % des Fahrpreises, in Restaurants wird meist auf die Rechnung eine »Service Charge« von 10 % aufgeschlagen; man sollte dann kein weiteres Trinkgeld geben, ansonsten ist ein Bedienungsgeld von 10–15 % üblich. Thekenpersonal in Pubs bekommt kein Trinkgeld.

Zoll
Für EU-Bürger sind Waren des persönlichen Bedarfs zollfrei. Für Waren aus Nicht-EU-Ländern bzw. für Schweizer gelten folgende Höchstgrenzen: 200 Zigaretten oder 250 g Tabak, 1 l alkoholische Getränke über 22 Vol.-% oder 2 l unter 22 Vol.-% zu einer Gesamtsumme von maximal 300 CHF.

Urlaubskasse	
Tasse Kaffee	2,80 €
Cola/Wasser	2,50 €
1 pint Bier	3,50 €
Sandwich	4,50 €
Fish & Chips	6,80 €
Mietwagen/Tag Juni–Aug. sonstige Zeit	 80 € 40 €
1 Liter Benzin	1,65 €

Register

A Abbotsford House 69
Aberdeen 84
Aberlemno 93
Achiltibuie 129
Adam, James 36, 91
Adam, John 91
Adam, Robert 36, 52, 77
Adam, William 91
Alloway 77
Angeln 22
Anstruther 97
Applecross 127
Arran 63
Aviemore 88
Ayr 77

B Ballater 92
Balmoral 91
Banchory 92
Banff 91
Barra 126
Beinn Eighe National Nature Reserve 128
Ben Nevis 110
Bettyhill 131
Black Isle 136
Blair Castle 95
Boat of Garten 89
Bonnie Prince Charlie 31, 110, 121, 122, 137
Border Abbeys 71
Bowhill 70
Braemar 91
Bruce, Robert 30, 96, 104
Burns, Robert 35, 37, 39, 49, 65, 73
Bute 63

C Cairngorms National Park 88
Cairnholy 74
Callanish 117, **124**
Cape Wrath 131
Castle Campbell 96
Castle Kennedy 76
Castle Tioram 109
Cawdor Castle 137
Columba (Mönch) 30, 108
Cragganmore Distillery 89
Crathes Castle 34, **87**
Croick Church 119
Cromarty 136
Cuillin Hills 120
Culloden 137
Culzean Castle 36, **77**

D Dornoch 134
Dryburgh 71
Duart Castle 107
Dufftown 90
Dumfries 21, **73**
Dundee 94
Dunnottar Castle 92
Dunrobin Castle 134
Dunvegan Castle 121
Durness 131

E Edinburgh 47
- Arthur's Seat 51
- Calton Hill 52
- Canongate 51
- Castlehill 48
- Charlotte Square 36, **52**
- Edinburgh Castle 47
- Festivals 55
- Georgian House 52
- High Kirk of St. Giles 50
- High Street 50
- Holyrood Park 51
- Huntly House 51
- John Knox's House 51
- Lawnmarket 48
- Leith 53
- Modern Art Galleries 52
- Museum of Childhood 51
- National Museum of Scotland 50
- New Town 52
- Our Dynamic Earth 51
- Outlook Tower 48
- Palace of Holyrood-house 51
- Parliament House 50
- People's Story Museum 51
- Princes Street 52
- Royal Botanic Garden 52
- Royal Mile 48
- Royal Scottish Academy 52
- Scottish National Gallery 52
- Scottish National Portrait Gallery 52
- Scottish Parliament 51
- Scott Monument 52
- The Hub 48
- Tron Kirk 51
- Water of Leith 52
- Writers' Museum 49
- Zoo 21, **53**

Eilean Donan Castle 127
Elgin 90
Elgol 120
Elie 97

F Falkland Palace 97
Falls of Clyde 78
Fionnphort 107
Firth of Clyde 76
Firth of Forth 97
Flodigarry 122
Floors Castle 71
Fort William 110
Fraserburgh 91

G Gairloch 128
Galloway Forest Park 75
Glamis 93
Glasgow 57
- Buchanan Street 57
- Burrell Collection 61
- City Chambers 36, **57**
- Gallery of Modern Art 57
- George Square 57
- Glasgow Green 58
- Glasgow School of Art 36, **60**
- Glasgow Science Centre 36, **61**
- Glenlee »The Tall Ship« 61
- House for an Art Lover 61
- Hunterian Museum 61
- Kathedrale 58
- Kelvingrove Art Gallery and Museum 60

- Kelvingrove Park 60
- Necropolis 59
- People's Palace 58
- Pollok House 61
- Provand's Lordship 59
- The Barras Market 58
- Universität 60
- Willow Tea Rooms 59

Glen Coe 111
Glenfinnan 110
Glenlivet 89
Golf 19
Grantown on Spey 89
Grey Mare's Tail 73

Haggis 39
Handa Island 130
Harris 123
Hawick 71
Heinrich VIII. 30, 71
Helmsdale 134
Huntly 81

Inveraray 104
Inverewe Garden 128
Invergarry 138
Inverness 136
Inverurie 88
Iona 108
Islay 40, **105**

Jedburgh 71
John o' Groats 132
Jura 105

Kajak 22
Keith 89
Kelso 71
Kennacraig 104
Kilchurn Castle 104
Kilmuir 122
Kilt Rock 122
Kinlochbervie 131
Kinlochewe 128
Kintyre 104
Kirkcudbright 74
Knox, John 30, 51
Kyle of Lochalsh 127

Leverburgh 125
Lewis 123
Lismore 107
Lochaline 109
Loch Awe 104
Loch Garten 89
Loch Insh 21
Lochinver 129
Loch Lomond 21, **63**
Loch Lomond and the Trossachs National Park 63
Loch Maree 128
Loch Ness 138
Logan Botanic Garden 76
Lunan Bay 93

Macbeth 137
MacDonald, Flora 122
Machars, The 75
Mackintosh, Charles Rennie 36, 59
Macpherson, James 35
Mallaig 109
Malt Whisky Trail 89
Manderston House 71
Melrose **69**, 71
Moffat 73
Montrose 93
Morvern 109
Mull (Insel) 107
Mull of Galloway 76
Mull of Kintyre 105
Musik 34

New Lanark 78
Newton Stewart 75
North Uist 125

Oban 106
Old Man of Storr 122
Orkneys 41, **133**
Orwell, George 105

Peebles 72
Perth 95
Pitlochry 95
Plockton 23, **127**
Portree 121

Quiraing 33, 122

Rankin, Ian 35, 50
Rhinns of Galloway 76
Road to the Isles 110
Royal Deeside 91

Salmond, Alex 29, 31
Saltcoats 77
Scott, Sir Walter 35, 49, 65, 68, 69, 70
Segeln 22
Selkirk 70
Shetlands 133
Shieldaig 127
Skye 120
Smith, Adam 51
Solway Firth 74
South Uist 126
Speyside 41, 89, 90
Staffa 109
St. Andrews 98
Stevenson, Robert Louis 49
Stirling 96
St. Mary's Loch 73
Stonehaven 92
Stornoway 123
Stranraer 76
Strathpeffer 13
Strontian 109
Stuart, Maria 30, 96
Summer Isles 129
Surfen 22
Sweetheart Abbey 73

Tain 135
Talisker Distillery 120
Tarbert (Argyll) 104
Tarbert (Harris) 125
Thurso 131
Tiree 22
Tobermory 107
Tomintoul 90
Traquair House 72
Troon 77

Uig 123
Ullapool 129

Wallace, William 30
Wandern 18
Wassersport 22
Welsh, Irvine 35
Whisky 39, **40**, 48, 89, 105
Whithorn 75
Wick 133
Wigtown 75

Bildnachweis

Coverfoto: Eilean Donan Castle, Loch Duich © laif/Reiner Harscher
Fotos Umschlagrückseite: © Fotolia/a. aperture (links); shutterstock/Wiktory (Mitte); Fotolia/james entwistle (rechts)

Alamy/Ian Dagnal: 5; Alamy/doughoughton: 97; Alamy/Derek Harris: 129; Alamy/David Robertson: 75; Alamy/Peter Titmuss: U2-4; Alamy/Travel Division Images: 53; APA Publications/Bill Wassmann: 18, 72, 94, 117, 128, 134; DFDS Seaways: 16; Hotel du Vin Glasgow: 62; Huber Images/Justin Fulkes: 113; Huber Images/Fantuz Olimpio: 1; Huber Images/Maurizio Rellini: 50; Huber Images/Giovanni Simeone: 138; Huber Images/Riccardo Spila: 44; Fotolia/Andreas Arnold: 108; Fotolia/Ruth Black: 37; Fotolia/DE Photography: 10; Fotolia/Maximilian Krä: U2-1; Fotolia/Nataliya Hora: 121; Fotolia/W. McKelvie: 72; Fotolia/Scott McLean: 101; Fotolia/Richard Melichar: U2-3; Fotolia/SanGero: 112; Fotolia/Hugh Shaw: 132; Jahreszeitenverlag/Jan Brettschneider: 29; laif/Michael Amme: 24; laif/Gladieu/Le Figaro Magazine: 137; laif/Reiner Harscher: 23; laif/Krinitz: 38; laif/Modrow: 19; laif/Dagmar Schwelle: 20; laif/Heiko Specht: 55; laif/Berthold Steinhilber: 64, 68; LOOK-foto/age fotostock: 6, 8, 36, 85, 99, 122; LOOK-foto/Karl Johaentges: 79, 105; LOOK-foto/Heinz Wohner: 26; Martin Müller: 90; Schapowalow/SIME/Maurizio Rellini: 42/43; shutterstock/Brendan Howard: 46, 60; shutterstock/Stephen Finn: 56; shutterstock/Julietphotography: 77; shutterstock/meunierd: 57; shutterstock/PHB.cz Richard Semik: 88; shutterstock/PlusONE: 14; shutterstock/stocker1970: 12; Hubert Stadler: 33; Wikipedia/dalbera: U2-2; Ernst Wrba: 40, 126.

Liebe Leserin, lieber Leser,
wir freuen uns, dass Sie sich für diesen POLYGLOTT on tour entschieden haben. Unsere Autorinnen und Autoren sind für Sie unterwegs und recherchieren sehr gründlich, damit Sie mit aktuellen und zuverlässigen Informationen auf Reisen gehen können. Dennoch lassen sich Fehler nie ganz ausschließen. Wir bitten Sie um Verständnis, dass der Verlag dafür keine Haftung übernehmen kann.

Ihre Meinung ist uns wichtig. Bitte schreiben Sie uns:
TRAVEL HOUSE MEDIA GmbH, Redaktion POLYGLOTT, Grillparzerstraße 12,
81675 München, redaktion@polyglott.de
www.polyglott.de

Dieses Buch wurde auf chlorfrei gebleichtem Papier gedruckt.
ISBN 978-3-8464-9728-9

Bei Interesse an maßgeschneiderten POLYGLOTT Produkten:
Tel. 089/450 00 99 12
veronica.reisenegger@travel-house-media.de

Bei Interesse an Anzeigen:
KV Kommunalverlag GmbH & Co KG
Tel. 089/928 09 60
info@kommunal-verlag.de

Verlagsleitung: Michaela Lienemann
Redaktionsleitung: Grit Müller
Autorin: Brigitte Ringelmann
Redaktion: Martin Waller, Werkstatt München
Bildredaktion: Ulrich Reißer
Layoutkonzept/Titeldesign: Gramisci Editorialdesign, München, und Ute Weber, Geretsried
Karten und Pläne: Gecko-Publishing GmbH, Bad Endorf
Satz: Tim Schulz, Mainz
Druck und Bindung: Firmengruppe APPL, aprinta druck, Wemding

PEFC
PEFC/04-32-0928

TRAVEL HOUSE MEDIA

Ein Unternehmen der
GANSKE VERLAGSGRUPPE

Langenscheidt Mini-Dolmetscher Englisch

Allgemeines

Guten Morgen.	Good morning. [gud **moh**ning]
Guten Tag. (nachmittags)	Good afternoon. [gud after**nuhn**]
Hallo!	Hallo![häl**loh**]
Wie geht's?	How are you? [hau **ah**‿ju]
Danke, gut.	Fine, thank you. [**fain, θänk**‿ju]
Ich heiße ...	My name is ... [mai **nehm**‿is]
Auf Wiedersehen.	Goodbye. [gud**bai**]
Morgen	morning [**moh**ning]
Nachmittag	afternoon [after**nuhn**]
Abend	evening [**ihw**ning]
Nacht	night[nait]
morgen	tomorrow [tu**morr**oh]
heute	today [tu**deh**]
gestern	yesterday[**jes**terdeh]
Sprechen Sie Deutsch?	Do you speak German? [du‿ju spihk **dsehöh**mən]
Wie bitte?	Pardon? [**pah**dn]
Ich verstehe nicht.	I don't understand. [ai **dohnt** ander**ständ**]
Würden Sie das bitte wiederholen?	Would you repeat that please? [wud‿ju ri**piht** ðät, **plihs**]
bitte	please [**plihs**]
danke	thank you [**θänk**‿ju]
was / wer / welcher	what / who / which [wott / huh / witsch]
wo / wohin	where [wäə]
wie / wie viel	how / how much [hau / hau **matsch**]
wann / wie lange	when / how long [wänn / hau **long**]
warum	why [wai]
Wie heißt das?	What is this called? [**wott**‿**is** ðis **kohld**]
Wo ist ...?	Where is ...? [**wäər**‿is ...]
Können Sie mir helfen?	Can you help me? [kän‿ju **hälp**‿mi]
ja	yes [jäss]
nein	no [noh]
Entschuldigen Sie.	Excuse me. [iks**kjuhs** miðə
rechts	on the right [on ðə reit]
links	on the left [on ðə left]
Gibt es hier eine Touristeninformation?	Is there a tourist information? [is‿ðər‿ə **tuə**rist infəmehschn]
Haben Sie einen Stadtplan ?	Do you have a city map? [du‿ju häw‿ə **ß**iti mäpp

Shopping

Wo gibt es ...?	Where can I find ...?[**wäə** kən‿ai **faind** ...]
Wie viel kostet das?	How much is this? [**hau**‿matsch **is**‿ðis]
Das ist zu teuer.	This is too expensive. [ðis‿is **tuh** iks**pänn**ßiw]
Das gefällt mir (nicht).	I like it. / I don't like it. [ai **laik**‿it / ai **dohnt laik**‿it]
Wo ist eine Bank / ein Geldautomat?	Where is a bank / a cash dispenser?[**wäər**‿is ə‿**bänk** / ‿ə **käsch** dispännser]
Geben Sie mir 100 g Käse / zwei Kilo ...	Could I have a hundred grams of cheese / two kilograms of ...[kud‿ai häw‿ə **hann**drəd grämms‿əw **tschihs** / **tuh kill**əgrämms‿əw ...]
Haben Sie deutsche Zeitungen?	Do you have German newspapers? [du‿ju häw **dsehöh**mən **njuhs**pehpers]

Essen und Trinken

Die Speisekarte, bitte.	The menu please. [ðə **männ**ju plihs]
Brot	bread [bräd]
Kaffee	coffee [**koff**i]
Tee	tea [tih]
mit Milch / Zucker	with milk / sugar [wið‿**milk** / **schugg**er]
Orangensaft	orange juice [**orr**əndseh‿dsehuhs]
Mehr Kaffee, bitte.	Some more coffee please. [ßəm‿moh **koff**i plihs]
Suppe	soup [ßuhp]
Fisch	fish [fisch]
Fleisch	meat [miht]
Geflügel	poultry [**pohl**tri]
Beilage	side dish [**ßaid**disch]
vegetarische Gerichte	vegetarian food [wädsehə**tä**riən fud]
Eier	eggs [ägs]
Salat	salad [**ßäl**əd]
Dessert	dessert [di**söht**]
Obst	fruit [fruht]
Eis	ice cream [ais **krihm**]
Wein	wine [wain]
weiß / rot / rosé	white / red / rosé [wait / räd / **roh**seh]
Bier	beer [**bi**ə]
Mineralwasser	mineral water [**minn**rəl wohter]
Ich möchte bezahlen.	I would like to pay. [ai‿wud **laik**‿tə **peh**]